Esther Kaufmann
Meinulf Blechschmidt

Wo wohnt unser Gott?

Kinder- und Familiengottesdienste

HERDER

FREIBURG · BASEL · WIEN

www.herder.de

Umschlaggestaltung Finken & Bumiller

Herstellung: fgb · freiburger graphische betriebe
www.fgb.de

Gedruckt auf umweltfreundlichem,
chlorfrei gebleichtem Papier
ISBN 3-451-28097-3

Inhalt

WO WOHNT UNSER GOTT? 7

1. Wo wohnt Gott? 14
   Die Brüder vom Berge Morija

ERNTEDANK 27

2. Lange gereift – wie schnell weggeworfen 30

ADVENT – ERWARTUNG IN UNSERER ZEIT? 45

3. Bereitet dem Herrn den Weg 48

ADVENT – ZEIT DER BEGEGNUNG 59

4. Da haben die Dornen Rosen getragen 61

ÖSTERLICHE BUSSZEIT 71

5. Ich war durstig 73
6. Jesus leuchtet und wird verklärt 85
7. Mit Jesus das Kreuz tragen 95

DER HERR IST AUFERSTANDEN 109

8. Herr, bleibe bei uns 111

WAS GOTTES GEIST BEWEGT 123

9. Was müssen wir tun? 125

DAS REICH GOTTES 137

10. Friede sei diesem Haus 140
    Wie Gottes Reich kommt
11. Der Schatz im Acker 152
12. Die Lilien auf dem Feld 167

WO WOHNT UNSER GOTT?

Ein Kind malt ein Bild. Es malt lange, ausdauernd und mit Kraft. Es malt die Erde mit Häusern und Menschen, Blumen, Bäumen, Wasser. Rundherum um die Erde malt es den blauen Himmel mit Sternen, Sonne und Mond. Dann schenkt es das Bild der Erzieherin und sagt: »Schau, Gott ist so groß. Er zieht ein blaues Kleid an, das ist der Himmel. Er legt sein Kleid um die ganze Erde. Sein Gesicht habe ich noch nie gesehen. Das muss wohl in Afrika sein.«

Wo wohnt Gott? »Eine Frage der Kinder«, sagen die Großen, »so kann man nicht fragen«, denn sie selbst haben Gott noch nicht gesehen und denken zweifelnd bei sich, er wird »da oben« wohnen, im Himmel, irgendwo oder nirgendwo. Kinder denken konkret, leben unmittelbar mit ihren leibhaften Vorstellungen, und alles wird zur Begegnung. Zugleich aber bildet sich und drückt sich im Leibhaften ihre Persönlichkeit aus, die eine unauslotbare Tiefe hat. Gott, von dem oftmals so nah gesprochen wird, besorgt um uns, für uns da, zu dem muss man doch hingehen können, bei ihm sein. Wie schön wäre es, Gott zu sehen, mit ihm zu sprechen, ihm zu begegnen wie ein Freund dem Freund.

Muss man alle diese Vorstellungen fallen lassen, um am Ende nur von einem »höheren Wesen« ohne Ort und Gesicht zu sprechen, das so fern ist, dass es uns nichts mehr angeht, an dem vorbei wir für uns leben können? Wäre er andererseits greifbar nahe, wäre er dann noch Gott, der Unbegreifliche, den die Welt und »die Himmel der Himmel nicht fassen« können?

In unserem christlichen Glauben ist es uns geschenkt und die Gratwanderung zugemutet, den Unbegreiflichen in unser leibhaftes Leben einzulassen, da Gottes Sohn wahrer Mensch geworden ist; und umgekehrt unser begrenztes Leben anzunehmen als Abbild des göttlichen Urbildes, des Sohnes Gottes, sodass es erst durch die Erlösung bei Gott selbst vollendet sein wird.

Die Frage des Kindes: Wo wohnt Gott?, ist die Frage nach einer *Begegnung mit ihm*, und zwar einer guten, die *Geborgenheit* schenkt, Haus und Zuhause, weltumspannende Geborgenheit.

Staunen

Vielfältig sind die Antworten, wo Gott wohnt, wo wir ihm begegnen oder hoffen, ihm zu begegnen. Staunen in der Natur, in der Stille, die Einsamkeit der Wüste, schweres Leid, der Tod, die Geburt eines Kindes, Begegnungen unter Menschen ... – dort öffnen sich Zugänge zu Gott.

Es scheint, dass es Grundhaltungen des Menschen gibt, die wie Spuren auf dem Weg zu Gott sind, Wegspuren.

Der Anfang der Gottesnähe ist das *Staunen*, nicht jenes, das aus der Sensation kommt, sondern das Staunen, das in die Stille und die Mitte führt, in dem wir an den *Grund unseres Lebens* rühren, uns getragen und verdankt wissen, uns dessen innewerden, dass *»es gut ist«* und *»gut, dass ich bin«*. Viele Menschen öffnen sich staunend, wenn sie der untergehenden Sonne zuschauen, still unter dem Nachthimmel im Schimmern der Sterne verweilen, wenn die Fülle der Blumen sich entfaltet oder die mächtigen Berge sich vor ihnen erheben; andere bewegt das ewige Kommen und Gehen des Meeres; für manchen öffnet sich, wenn er im tiefsten Leid ein Lächeln empfängt, ein göttlicher Lichtblick. Das ist oft der Kontrast zum Alltag, erscheint wie Flucht vor Arbeit und Stress. Aber das Staunen offenbart eine tiefe *Empfänglichkeit.* Ohne dieses Staunen, werden wir weder einander menschlich noch Gott begegnen. Wir werden zerrieben zwischen allem Machen und Sorgen, dem Rennen und den Enttäuschungen, zwischen Gebrauchen und Verbrauchen. Staunend aber verweilt ein Mensch und sagt Ja zu sich, zu den Dingen, zur Welt, *empfängt* das Leben und dass es im Tiefsten gut ist. Gott, wie groß bist du? Wie groß bin ich, dass ich das alles wahrnehmen kann, dass ich vor dir da bin?

Begegnung

Eine andere, eng damit verbundene Spur zur Nähe Gottes ist die *Begegnung* der Menschen, wo einer dem anderen – handelnd oder verweilend, still oder mit Worten sagt: *Du bist kostbar!* Die Güte unter Menschen, die Zuwendung ohne Berechnung, das Ja zum »Du« wird zum offenen Abbild des Guten, wird Zeugnis des guten Gottes. Diese Liebe, die alle Kräfte, aber auch die kleinste Zuwendung prägt, die das Lächeln und den Dank weckt, die sagt: *»Du sollst sein!«* – sie verkündet: *Gott ist da!* Auch dieses Kostbare, Ich und Du, ist nur im Geben und Empfangen.

Gottesdienst – wo Gott wohnt

Vieles spricht gegen die Behauptung: *Gottesdienst – wo Gott wohnt.* Er ist für viele langweilig, formal, lang, wenig lebendig oder gar tot, anderen zu wenig fromm, menschlich, aber ohne Gott. Gott, sagen manche, finde ich draußen oder unter den Menschen. Ein Gottesdienst ist gut, wenn ich einen Anstoß fürs Leben bekomme, wenn er mir etwas bringt.

Gottesdienst ist weder nur Belehrung über einen fernen Gott noch Impuls für ein späteres soziales Handeln oder die Vergewisserung der eigenen Überzeugungen, sondern Dasein der Feiernden vor Gott und mit ihm. In dieser Feier kommen wenigstens die beiden Spuren zusammen: Staunen und Begegnung. Sie machen uns empfänglich für *Gott* und für seine *Gabe*, und bereit zur eigenen *Hingabe* an ihn. Feiern steht gegen den Alltag. Unter dessen »praktischer« Übermacht, nämlich dem, was jeder mitbringt, wie Freude, Leid, Stress, Arbeit, Erfolg, Beziehungen, Verpflichtungen, Termine, gehen die tragenden Grundhaltungen oft verloren. Sie bedürfen also einer besonderen Pflege (»Kultur«, »Kult«).

Ganzheitliche Gestaltung von Gottesdiensten

In die Mitte finden – einen

»Ganzheitlich« ist vieldeutig und wie eine Sehnsucht des Menschen in seiner täglichen Zerrissenheit. Es bedeutet für uns jedoch nicht, viele Teile wie ein Mosaik zusammenzufügen und immer noch etwas hinzu, sondern im Gegenteil, in das Einfache zu finden, in die Mitte.

Sich einfinden, in die Mitte finden, das ist auch im Gottesdienst ein Weg: die VERSAMMLUNG. Sie hat zwar einen Anfang, zieht sich aber durch den ganzen Gottesdienst. Werden wir einmal ungeteilt gesammelt da sein?

Leibhaft personal

Zum Gottesdienst kommen wir immer mit unserem Leib, der wenigstens sitzt in der Bank, Herz und Sinn sind manchmal anderswo. Da aber unser Leib, unsere Sinne in gewisser Weise *wir* sind, begegnen *wir* einander und dem Wort Gottes zunächst leibhaft, sinnenhaft – so, wie Kinder leben, und so, wie die Kirche Gottesdienst feiert: mit allen Sinnen. Unsere Sinne, unser Leib, Bewegung und Gestik, Schauen und Hören kommen ins Spiel.

Ganzheitlich heißt hier: nicht äußerliche Aktion, sondern dass Innen und Außen geeint werden. Auch das ist ein Weg! Es bedeutet, zugespitzt formuliert: Jede Bewegung kann von Gottes Botschaft erzählen, und Gottes Botschaft findet eine Gestalt. Gerade wenn »Medien« (Tücher, Gegenstände, Zeichen, auch Bewegungen, Gestik) eingesetzt werden, dürfen sie sich nicht verselbständigen (Vorführung). Sie kommen aus der Botschaft und führen sinnenhaft zu ihr hin.

Staunen und Begegnung

Wenn Staunen und Begegnung mit Mensch und Welt als Grundhaltungen den Weg zur Gottesnähe prägen, werden diese den Gottesdienst durchformen müssen – und dies auf dem leibhaften, sinnenhaften Weg.

Ganzheitlich heißt hier: nicht reich belehrt sein, über Gottes Größe und Nähe viel wissen, sondern das *Alltägliche des Lebens* so anschauen, dass es als *kostbare Gabe Gottes* uns vor ihn hinführt. Mein Leben öffnet sich für seine Ankunft.

Wenn Alltägliches als kostbar entdeckt wird, schärft sich der Herzensblick für das Böse, das Ungereimte, für alles, was Gott und dem Leben entgegensteht. Wir rufen im KYRIE um Erbarmen.

Dem Wort und Heil den Weg bereiten

Im Evangelium spricht Jesus oft von unserem Leben. Er ist vertraut mit der Erde, mit Sonne und Regen, mit Saat und Frucht, mit Dornen und Steinen. Das alltägliche Leben wird ausgebreitet und darin eine frohe Botschaft verkündet. Jesus erzählt Geschichten, schaut auf die Blumen, die kostbare Perle, das Samenkorn, auf Wachsen, Reifen und Sterben, auf die Menschen, ihre Art und ihr Tun. Das Schauen und die Begegnung mit »diesen Dingen« soll für uns so erfahrbar werden, dass darin *Heilsames empfangen* wird.

Ganzheitlich bedeutet uns nicht, alles von und mit allen Seiten anzuschauen, sondern *das Ganze, den guten Grund* in jedem, was ist, aufleuchten zu lassen. Gott will ja sein Abbild erlösen.

Gottes Nähe feiern – symbolisch schauen

So bereiten wir uns *im Feiern* für Gottes Nähe und sein Handeln an uns und preisen seine Liebe. Es werden nicht Lebenserfahrungen oder Geschichten besprochen, die wiederum die Gleichnisse und das Geheimnis Gottes erklären, sondern feiernd, in der Mitte verweilend öffnen wir uns, dass Gott reden kann. Weil wir mit den »Dingen« *feiernd umgehen*, berühren sie unseren *innersten Grund*, unser Dasein und unsere Sehnsucht nach Lebensfülle, nach Gott. Sie werden *symbolisch*. Es wächst eine hörende Bereitschaft für Gottes Wort und Nähe.

Das Wort verkünden

Darum muss das Wort verkündet werden, EVANGELIUM. Es *deutet* nicht unser Leben, sondern es *schenkt* Gottes Leben. Wenn »alles« in uns nach Gott ruft, dann kann er zu uns reden. Und wenn der Priester Brot und Wein ihm entgegenhält, dann wird der Herr selbst sein Geheimnis der Liebe darüber sprechen, das so unfassbar neu ist, dass wir es nur empfangen können.

Ganzheitlich heißt dann: Wir müssen in der Kirche unser Eigenes ganz tun, damit Gott reden, alles von sich her und liebend frei tun, sich selbst schenken kann.

Der immer neue Weg

Da wir aber das *Machen* gewohnt sind, die Welt *machend* gestalten, gehen wir im Gottesdienst oft einen »neuen Weg«. Er führt uns wie eine Lebensschule in Grundhaltungen des Lebens und Glaubens ein, in Haltungen, die Zeit zum Reifen brauchen, damit wir mit unserem Leben vor Gott da sind und er mit uns in unser Leben gehen kann, FÜRBITTEN und SENDUNG.

Der Aufbau des Buches

Der Weg setzt voraus, dass ein Gottesdienstteam *sorgfältig und ganzheitlich* in den biblischen Text hineinhört, um Wesentliches zu erkennen, das ins Bild, ins Spiel und in die Erfahrung gebracht werden kann.

Sorgfältig auf das Evangelium hören, sich darüber mitteilen, wesentlichen Aussagen der Bilder über Gott und den Menschen nachhorchen, das wurden für unseren Familiengottesdienstkreis erste, wichtige, geduldige Schritte.

Der Abschnitt »*Das Wort der Verkündigung*« soll helfen, sich dieser Mitte in einem Punkt zu nähern, was sich dann deutlich oder auch nur mitschwingend durch den Gottesdienst zieht. Die Gedanken können auch erste Anregung sein, sich miteinander der Tiefe der Botschaft zu öffnen.

Der Abschnitt »*Die ganzheitliche Gestaltung*« lenkt den Blick auf die Stellen im Gottesdienst, an denen die Frohe Botschaft ganzheitlich vorbereitet wird, Erfahrungen angesprochen oder besungen werden.

Ein bekannter Weg

Der ganzheitliche Weg ist weithin durch die Zeitschrift »Religionspädagogische Praxis« (RPA-Verlag, Landshut, seit 1978) bekannt, worin Sr. Esther Kaufmann ihren im Kindergarten entwickelten religionspädagogischen Weg dargestellt hat. Der Weg hat dann deutlich die Sakramentenpastoral geprägt, z.B. durch unseren *Erstkommunionkurs: »Heute muss ich bei dir zu Gast sein«* und den *Firmkurs: »Wohin sollen wir gehen?«* (im RPA-Verlag).

Dank

Wir freuen uns, diese zwölf Gottesdienste weiterzugeben, die in unseren Pfarreien Schöneberg und Spabrücken (Bistum Trier) entstanden sind. Wir danken dem Kindergottesdienstkreis beider Pfarreien, der mit Eifer, Sorgfalt und Liebe die Gottesdienste vorbereitet und mitgestaltet.

Wir danken allen Familien und Kindern, die mit Freude zum Gottesdienst kommen, und hoffen, dass die Frage: *Wo wohnt unser Gott?* in jedem Gottesdienst ein wenig mehr beantwortet wird, dass immer tiefer erfahren wird, dass der Herr, menschgeworden für uns, unter uns wohnen will, dass er uns nahe kommt in seinem Wort, dass er uns umgestaltet, damit das große Geheimnis seiner Liebe und Hingabe unter uns immer mehr aufleuchtet, weil es unser Leben wird.

Wir danken Frau Kathi Stimmer-Salzeder für die schönen Lieder, die sie uns zur Verfügung stellt, und weisen auf ihre Liederbücher »*Lied der Hoffnung 3*« und »*Zur Mitte kommen*« (erhältlich bei: Musik und Wort, Lärchenstr. 22, 84544 Aschau) hin. Für viele Lieder gibt es mehrstimmige Sätze.

Wir wünschen allen, die diese Gottesdienste feiern, Freude, die in die Mitte führt: dass Gott mitten unter uns und in allen wohne.

Sr. Esther Kaufmann, P. Meinulf Blechschmidt

1. Wo wohnt Gott?

Die beiden Brüder vom Berg Morija

Wo wohnt Gott? Wie sieht er aus? Trägt er einen Bart? Was tut er den ganzen Tag? Wer kann all diese Fragen der Kinder beantworten, die unser Vorstellungsvermögen sprengen? Gott ist nicht zu fassen, er, der Unbegreifliche. Stell dir Gott nicht vor! Mach dir kein Bild von ihm! Doch ein Bilderverbot kann in die Enge treiben, keineswegs unbedingt in die Weite führen, es lässt leicht die Gottesnähe verkümmern. Dem Namenlosen entspricht das Ich-bin-da (Jahwe) in der Wüste. In der Fülle der Zeit wird der Ungreifbare, der ewige Sohn, Mensch, in allem uns gleich – zu unserem Heil. Auf eine neue, unerhörte Art will Gott mitten unter uns sein, angehört, mit den Augen angeschaut, mit den Händen angefasst (1Joh 1,1); mehr noch, was wir dem Geringsten seiner Brüder tun, das tun wir ihm (Mt 25,40).

Leben hat ein Gesicht

Die Gottesfrage ist die wichtigste aller Fragen: Wo wohnt Gott? Leben wir vor ihm? Haben wir eine Beziehung zu ihm, oder entzieht er sich, sodass der Mensch doch in die kalte Einsamkeit des Universums gestoßen ist? Die Frage nach Gott ist keine akademische Frage, sondern eine *lebensnahe*. Das eigene Leben, Denken, Tun und Erleiden sind im Gespräch, sind davon betroffen.

Die Frage der Kinder als wesentliche Frage des Menschen trifft auf die Frohe Botschaft unseres Glaubens: Gott ist nahe. Wo wohnst du?, das ist auch die Frage: Kann ich zu dir kommen?: Du musst doch irgendwo ein Zuhause haben, Geborgenheit. »Leben« ist für Kinder – und für uns genauso – Gestaltung von Raum und Zeit. *Leben hat ein Gesicht.* Unser Leben bezeugt Gottes Nähe und gibt damit auch dem Menschen Ansehen und Würde, oder es verstellt Gott und verrät auch den Menschen.

Sorge und gute Begegnung

Die Erzählung »*Die beiden Brüder vom Berg Morija*« stellt die Frage: Wo wohnt Gott, der Unnahbare, den niemand zu sehen vermag? Sie lässt uns das gute Herz der beiden Brüder schauen, die füreinander Sorge tragen. Die gute Begegnung im Empfangen und Geben offenbart: Seht, dort wohnt Gott!

Hier wird das Hauptgebot uns vor Augen geführt: *Du sollst den Herrn deinen Gott lieben aus ganzem Herzen und deinen Nächsten wie dich selbst.* »Handgreiflich« wird es gelebt.

Leben ist Begegnung

Unser Leben ist Begegnung. Die Beziehung zum Nächsten ist eine Lebensfrage. Wie nah ist mir der Nächste? Kann ich für ihn Sorge tragen? Erkenne ich Not, Bedürftigkeit, Armut? Oder steht im Mittelpunkt meines Alltags und Denkens die Sorge und Angst um den eigenen Reichtum, die Sehnsucht nach Besitz, nach eigenem Vorteil, nach mehr? Wann gelingt es mir, über all die Berge von Sorgen und Pflichten und Notwendigkeiten einen Blick auf den anderen zu werfen?

Erziehung zur Hingabe

Die Geschichte der Menschen, und das heißt unsere, meine Geschichte, ist bis heute von Egoismus, Geiz, Habsucht, Neid, Konkurrenzkampf geprägt. Unsere Kinder werden in einer Leistungsgesellschaft groß, sollen sich durchkämpfen, müssen auf ihre Chancen achten. Wer legt schon Wert auf eine *Erziehung der Hingabe*, des Teilens, der Rücksichtnahme, des Mitleidens? Würde man sich da nicht selbst aufgeben?

Zu sehen, wie die beiden Brüder still und versteckt – weil ganz aus dem Herzen – füreinander sorgen, aneinander denken, miteinander in Liebe verbunden sind, das könnte unser Herz bewegen und uns neu anrühren, um in ähnlicher Weise zu leben. Das ist nach dem Abbild Gottes. »*Wo die Güte und die Liebe wohnt, dort wohnt Gott.*«

Seid barmherzig, wie es auch euer Vater ist!
Gebt, dann wird auch euch gegeben werden.
In reichem, vollem, gehäuftem, überfließendem Maß wird man euch beschenken;
denn nach dem Maß, mit dem ihr messt und zuteilt,
wird auch euch zugeteilt werden.

In der Feier des Gottesdienstes soll das Spiel der Geschichte die Grundhaltung wecken: *gefüllte Hände, um zu geben.*

Das Evangelium, der eine Vers, klingt zunächst wie eine Belohnung: *»Gebt, dann wird euch gegeben werden«*, und zwar reichlich, ein übervolles Maß. Geben lohnt sich! Durch die Hintertür könnte sich ein Profitdenken einschleichen. Du musst etwas investieren, im Moment erscheint es dir zwar wie ein Verlust, doch dann wird es sich auszahlen in höheren, überfließenden Gewinnen. Entspricht das der Bergpredigt Jesu bzw. der Feldrede im Lukasevangelium?

Die Barmherzigkeit Gottes sollen wir widerspiegeln und bezeugen. Gott aber gibt ohne Maß. Das übervolle Maß, das Gott uns in die Hände geben will, ist uns nicht zu unserer *»privaten«* (d.h. übersetzt: abgetrennten, gesonderten oder gar geraubten) Bereicherung gegeben, sondern dazu, dass wir tun können, was Gott tut: *geben ohne Maß.*

So leben Eltern in wahrer Liebe für ihre Kinder und fragen: Werden wir das *haben*, was wir unseren Kindern *geben* sollen, damit sie leben? So lebt die Familie Gottes, wenn sie sich nach dem Vater im Himmel und dem Zeugnis des Sohnes Jesus Christus ausrichtet: Werden wir das haben, was wir anderen geben sollen, damit sie leben? Haben wir einen Blick für die Eltern in der weiten Welt, die am Abend leere Hände haben und ihren Kindern das tägliche Brot nicht geben können? Haben wir einen so reichen, lebendigen Glauben, dass wir unseren Kindern Glaubenskraft geben können? Haben wir eine Hoffnung, die die anderen stärkt und mitträgt? Der tiefste Schmerz ist dieser: Ich kann dir nicht geben, was du brauchst.

Herr, gib uns, damit wir geben können.

Die Geschichte bietet schlichte, einfache Möglichkeiten, die Aussage im Spiel pantomimisch darzustellen und anschaulich werden zu lassen. Das Spiel lässt vorbereitend die Frohe Botschaft aufleuchten, die später verkündet wird.

Darum brauchen vier Elemente Entfaltungsraum.

Es sind zwei verschiedene Brüder, die an verschiedenen Orten (z.B. Strohballen, Strohbündel) für sich leben.

Sie teilen die Garben (mehrere Ährenbündel).

Sie machen sich auf den Weg, um den anderen zu beschenken.

Schließlich ist dort der eine Ort (am besten vor dem Altar), wo sie einander begegnen, in Liebe eins sind. Dort ist Gott, dort wird das Evangelium verkündet.

Später ist dieser Ort, nämlich der Altar, der Ort, wo Christus uns alles schenkt. Von dorther werden wir verwandelt, um einander zum Segen zu werden.

In der VERSAMMLUNG wird die *Grundhaltung* eröffnet, wenn der Priester die volle Schale Korn fest hält und dadurch unbeweglich wird, besetzt und nicht frei für Gott und die Feier. Die Sorge um das alltägliche Leben, das Festhalten an Besitzständen hindern uns sooft, zu Gott und zum Nächsten zu finden.

Im KYRIE nehmen wir die Fülle auf. Wie gehen wir mit der Fülle um?

Nach dem Spiel der Geschichte hören wir das EVANGELIUM, Frohe Botschaft, Verheißung, Gott wird uns geben in dem Maß, mit dem wir austeilen *und damit wir austeilen.*

Zu den FÜRBITTEN tragen wir kleine leere Schalen zum Altar, Zeichen für unsere Armut und Offenheit, Zeichen für die leeren Hände jener, *für* die wir beten.

In der Feier des Gottesdienstes schauen und hören wir und werden nachdenklich. Die Antwort ist zuerst die dankbare Feier der Hingabe des Herrn an uns. Wenn wir mit den Gaben der Erde auch unser Leben vor Gott hinbringen, erhoffen wir auch die Verwandlung unseres Herzens und Lebens, dass Habgier, Neid, Eifersucht, Lieblosigkeit, Egoismus zur Hingabe gewandelt werden – was nicht ohne das Kreuz sein wird.

Ein Gottesdienst auch zum Erntedankfest

Da in dieser Geschichte die Fülle der Ernte geteilt wird, könnte er auch zum Erntedankfest gefeiert werden. Wie gehen wir mit den empfangenen Gaben um? Dankbarkeit zeigt sich im Geben. Die Fürbitten könnten mit einem wiederkehrenden Satz beginnen: »Heute feiern wir Erntedank und freuen uns über die gute Ernte.« Beim Gabengang könnten die Kinder eigene Erntedankkörbchen zum Altar bringen. Zum Schluss werden diese gesegnet.

Die Liturgie

Vorzubereiten

- ❒ in der Sakristei eine große Schale oder ein flacher Korb (30–40 cm Ø) mit Körnern
- ❒ Strohballen, Strohbündel rechts und links im Altarraum
- ❒ 6 Ährenbündel z.B. hinter dem Altar, wo die Brüder sie aufraffen
- ❒ Glockenspiel oder Handharfe
- ❒ große Kerze abseits, möglichst beim Evangeliar
- ❒ großer Kerzenständer für die große Kerze etwa dort, wo die Brüder sich später treffen werden
- ❒ 5 kleine Schalen für die Fürbitten, sie stehen bei den Kindern
- ❒ Texte: Kyrie und Fürbitten

Einzug Dass du mich einstimmen lässt

(Jesusbruderschaft Gnadenthal, in: Troubadour, 135)

❍ *P. zieht mit einer vollen Schale Korn ein.*

Begrüßung

❍ *P. hält die Schale, steht mit der Schale.*
Er kann so das Kreuzzeichen nicht machen:

Lasst uns beginnen mit dem Kreuzzeichen …
Ich kann das Kreuzzeichen nicht machen.
»Ich habe alle Hände voll zu tun.«

❍ *Er stellt die Schale weg.*

Jetzt bin ich frei für Jesus und für seine Feier.
Im Namen des Vaters …
Das ist eine große Schale, ein Korb, gefüllt mit vielen Körnern.
Wer kann die Fülle zählen?

❍ *P. nimmt wieder die Schale mit Körnern. Er fasst selbst hinein, füllt die Hände und lässt die Körner rieseln. Dann lädt er ein oder zwei Kinder ein, hineinzufassen, die Hände zu füllen.*

Die Fülle! Wie können wir hineingreifen und dann rieseln lassen, ohne Sorge. Wir haben die Fülle.

❍ *P. füllt noch einmal die Hände.*

Sommerzeit. Reife Früchte, Ernte,
Hände füllen –
und dann sind sie leer.
Seht, kein Korn mehr in der Hand.
Beides kennen wir.
Kennen wir es wirklich?
Dann lasst uns unseren Reichtum
und unsere leeren
Hände vor Gott hintragen, hinhalten.

Kyrie

1. Kind Unsere Hände sind jeden Tag gefüllt.
Unser Tisch ist immer gut und reich gedeckt.
Wir haben große Vorräte.
Viele Menschen auf der Welt hungern.
Sie haben nicht das tägliche Brot,
und wir vergessen das oft.

Ruf Herr, erbarme dich.

2. Kind Unsere Hände sind gefüllt. Und doch verlocken uns
viele Kataloge, Schaufenster, Werbung und sagen:
Nimm mehr, immer mehr! Nur zu, greif zu!
Und gierig greifen wir nach allem.
Können wir haushalten,
es ertragen, etwas nicht zu haben, was der andere hat?
Können wir verzichten
und werden trotzdem nicht böse, neidisch oder launisch?

Ruf Christus, erbarme dich.

3. Kind Unsere Hände sind gefüllt.
Wie viele Dinge besitzen wir, wie viele Spielsachen?
Und trotzdem wollen wir immer anderes und neues.
Sind wir bereit, zu teilen?
Können wir schenken und anderen eine Freude bereiten?

Ruf Herr, erbarme dich.

Gloria Lob und Preis
(Gemeinschaft Emmanuel, in: Singe, Jerusalem, 78)

Tagesgebet

Überleitung zur Geschichte

P. Die Menschen fragen: Wo wohnt Gott? Kannst du ihn sehen?
Ist er nah oder fern? Kann man das spüren, wenn Gott nah ist?
Wo wohnt Gott?

Die beiden Brüder vom Berg Morija

(nach Leo Tolstoi)

P. (Erzähler)

Ich will euch eine Geschichte erzählen.
Da sind zwei Brüder ...

❍ *2 Kinder gehen zu den Strohballen.*

Die beiden Brüder wohnen auf dem Berge Morija.
Der Jüngere heißt Levi, er ist verheiratet und hat Kinder, der Ältere heißt Joschua, er ist nicht verheiratet und wohnte allein.
Die beiden Brüder arbeiten immer zusammen. Sie gehen am Morgen auf das Feld und pflügen zusammen.

❍ *Die beiden Brüder machen sich auf den Weg (sie gehen z.B. um den Altar).*

Wenn es Zeit ist, gehen sie zusammen aufs Feld und säen den Samen aus.

❍ *Die beiden Brüder säen.*

Kommt die Zeit der Ernte, dann bringen sie das Getreide ein und teilen die Garben in zwei gleich große Stöße, für jeden einen Stoß Garben.

❍ *Die Brüder raffen die Garben zusammen und tragen die Ährenbündel zu ihren Scheunen (Strohballen).*

Als es Nacht wird, legt sich jeder der beiden Brüder bei seinen Garben nieder, um zu schlafen. Levi geht zu seinen Garben, Joschua zu seinen. Es wird still. Der Tag war lang.

❍ *Glockenspiel*

Doch Joschua, der Ältere, kann keine Ruhe finden und spricht in seinem Herzen: »Mein Bruder hat Familie, ich dagegen bin allein und ohne Kinder und doch habe ich gleich viele Garben genommen wie er. Das ist nicht recht.« Er steht auf,

❍ *Joschua steht auf und tut das, was erzählt wird.*

nimmt von seinen Garben, geht leise zum Haus seines Bruders und schichtet sie zu den Garben seines Bruders. Dann legt er sich wieder hin und schläft ein. In der gleichen Nacht, kurze Zeit später, erwacht Levi, der Jüngere. Auch er muss an seinen Bruder denken und spricht in seinem Herzen: »Mein Bruder ist allein und hat keine Kinder. Wer wird für ihn sorgen, wenn er alt wird?« Und er steht auf, nimmt von seinen Garben,

❍ *Levi nimmt den Stoß, den der Bruder hingelegt hat.*

geht Schritt für Schritt und leise zum Haus seines Bruders und legt den Stoß Garben hin.
Als es Tag wird, erheben sich beide Brüder, und wie sind sie erstaunt, dass ihre Garbenstöße die gleichen sind wie am Abend zuvor. Aber keiner sagt dem anderen ein Wort. Sie gehen wieder aufs Feld, ernten den ganzen Tag und bringen am Abend ihre Garben ein, teilen sie in gleiche Haufen und legen sich schlafen.

❍ *Glockenspiel*

Doch Joschua findet keine Ruhe und spricht in seinem Herzen: »Mein Bruder hat Familie, ich dagegen bin allein und ohne Kinder und doch habe ich gleich viele Garben genommen wie er. Das ist nicht recht.« Er steht auf,

❍ *Joschua erhebt sich wie zuvor.*

nimmt von seinen Garben, geht leise zum Haus seines Bruders und schichtet sie heimlich zu den Garben seines Bruders.
Dann legt er sich wieder hin und schläft ein.
In der gleichen Nacht, kurze Zeit später, erwacht Levi.
Er denkt an seinen Bruder und spricht in seinem Herzen:
»Mein Bruder ist allein und hat keine Kinder. Wer wird für ihn sorgen, wenn er alt wird? Ich muss ihm von meinen Garben bringen.« Er steht auf, nimmt von seinen Garben,

❍ *Levi erhebt sich wie zuvor.*

geht leise zum Haus seines Bruders und legt heimlich den Stoß Garben hin.
Am Morgen staunen sie und wundern sich, dass ihre Garben gleich hoch sind. Aber niemand sagt zum anderen auch nur das kleinste Wort.
Und wieder gehen sie den Tag über an die Arbeit. Am Abend legen sie sich müde hin, jeder in sein Haus.
In dieser Nacht wartet jeder ein Weilchen, bis er denkt, der andere wird jetzt schlafen. Dann erheben sie sich, jeder nimmt still von seinen Garben, um sie zum Stoß des anderen zu tragen.
Auf halbem Wege treffen sie plötzlich aufeinander.
Da staunen sie über einander, lassen ihre Garben fallen und umarmen einander in brüderlicher Liebe.

Evangelium

Lk 6,36.38

P. Wo wohnt Gott? Haben wir es gesehen? Habt ihr es gespürt?

❍ *P. entzündet die Kerze neben dem Evangeliar.*
Prozession mit Kerzenträger und Evangeliar zu den Kindern oder der Spielszene.

Jesus sagte zu den Menschen, die um ihn standen:
Ihr sollt doch sein, wie Gott, euer Vater, es ist.
Seid barmherzig, wie es auch euer Vater im Himmel ist.
Darum, gebt weg, dann wird euch gegeben werden.
In reichem, vollem, gehäuftem, überfließendem Maß wird man euch beschenken, euch die Hände füllen,
denn nach dem Maß, mit dem ihr eure Hände füllt, abmesst und den anderen zuteilt, in dem Maße wird auch euch zugeteilt werden,
in dem Maße wird man euch die Hände füllen.

❍ *P. trägt das Evangeliar zurück.*

❍ *Er nimmt die Kerze und stellt sie auf einen Ständer zwischen die niedergelegten Garben.*

P. Hier ist Gott. So ist Gott.

Die beiden Brüder füllen ihre Hände, tragen die vollen Garben zum anderen hinüber, weil sie den anderen lieben, an ihn denken, sich um ihn sorgen.

Sie geben mit gefüllten Händen, sie geben es weg.

Da sind die Hände leer.

Und es geschieht das Wunderbare: Die leeren Hände werden gefüllt. Sie können wieder geben.

Wie nah ist Gott!

Das könnte auch zu Hause sein ... in der Schule ... bei der Arbeit, auf der Straße ...

Was tun die Brüder, wie denken sie? Sie denken über sich hinaus, ihr Herz ist weit, es geht bis zum Bruder hin, es sagt nicht nur: »Ich, ich, ich«, es sagt: »Du, mein Bruder, meine Schwester, mein Freund.«

So ist Gott.

Das Herz sagt: »Ich will, dass du lebst, du, mein Bruder, meine Schwester.«

Damit du lebst, damit es dir gut geht, damit du das hast, was du brauchst, genau du, dafür will ich meine Hände füllen und dir in Fülle geben (abmessen und zumessen).

Was du brauchst, das kann mehr sein, als ich brauche. Ich gebe dir nicht nur den Rest, den ich übrig habe, der mir sowieso nichts mehr wert ist, der nur herumliegt.

Nein, so sorgen sich Eltern nicht um ihre Kinder. Sie geben mehr und hoffen, Gott wird uns das in die Hand geben, was wir für unsere Kinder brauchen, damit sie leben.

Fürbitten

❍ *Je ein Kind trägt eine kleine, leere Schale, ein anderes spricht die Bitte. Die Schalen werden um die gefüllte Schale gestellt.*

Ruf Wo die Güte und die Liebe wohnt, dort nur wohnt der Herr (in: GL Freiburg, 906)

1. Kind Herr, unsere Hände sind Tag für Tag gefüllt.
Jetzt tragen wir eine leere Schale.
Sie will uns sagen:

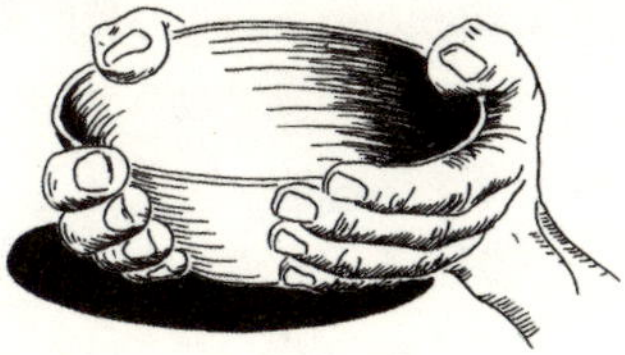

Vergiss nicht, dass Gott dir
alles schenkt.
Guter Gott,
gib uns ein dankbares Herz.

2. Kind Herr, wir gehen und kaufen,
füllen die Taschen.
Jetzt tragen wir eine leere Schale.
Wir denken an Menschen, die allein sind,
einsam und vergessen wie eine leere Schale.
Guter Gott, gib dass niemand allein sein muss,
dass wir offene Augen haben,
ein hörendes Ohr und das rechte Wort.
Schenke uns Zeit füreinander.

3. Erw. Herr, wir haben Hände und machen etwas aus unserem Leben.
Jetzt tragen wir eine leere Schale.
Wir denken an die Mütter, die ein Kind erwarten,
an alle Mütter unter uns:
Gib allen Eltern, dass sie ihre Kinder mit Liebe tragen,
ihnen geben können, was sie täglich brauchen,
und auch die Speise zum Glauben.

4. Kind Herr, wir können unsere Hände zur Faust ballen.
Jetzt tragen wir eine leere Schale.
Wir denken an die Menschen, die Macht ausüben
und unsere Welt regieren.
Guter Gott, lass sie verantwortungsbewusst handeln
und immer wieder den Frieden suchen.
Schenke unserer Welt den Frieden.

5. Erw. Herr, unsere Hand ist offen wie eine Schale.
Wir tragen die leere Schale zu dir.
Wir denken an die Menschen, die im Krieg sind,
in Hungersnot, krank, ohne Zuhause.
Guter Gott, schenke ihnen Frieden.
Lass uns alle zusammen auf deiner Erde leben.

Gabenbereitung Gott verwandelt leise

T. u. M.: Kathi Stimmer-Salzeder

C G/H a G/H C C/E
1. Gott ver-wan-delt lei - se, wo wir ihm ver -
G C G/H a G/H
trau'n, öff - net uns die Au - gen,
C G7 C
dass wir wei - ter schau'n.

2. Gott verwandelt leise, wo wir mit ihm gehn,
öffnet uns die Herzen, dass wir tiefer sehn.

3. Gott verwandelt leise, rührt behutsam an,
dass die Liebe wachsen und ihn finden kann.

4. Gott verwandelt leise, lässt zum Reifen Zeit
und in seiner Liebe wird das Leben weit.

Sanctus

Dank Mach dich auf, denn Gott will dir begegnen

(siehe: 10. Friede sei diesem Haus – Dank)

Schlusslied Singt Gott, jubelt ihm

(siehe: 11. Der Schatz im Acker – Eingang)

ERNTEDANK

Jedes Jahr feiern wir Anfang Oktober das Erntedankfest. Wir haben geerntet, nur die Weinlese ist noch in vollem Gang. Zu diesem Festtag werden an vielen Orten schöne Altäre in den Kirchen geschmückt, Gaben hingetragen, Früchte, die uns die Erde geschenkt hat.

Die Erde hat Frucht gebracht. Wir danken Gott dem Schöpfer Himmels und der Erde für die *Frucht der Erde und der menschlichen Arbeit.*

Die Frucht der Erde und der menschlichen Arbeit tragen wir in jedem Gottesdienst zum Altar. Das Erntedankfest ist unserer Liturgie sehr nahe, der Erntedank ist wie ein Grundelement fest in die Liturgie eingebettet. An diesem Festtag kommt er mehr ins Bewusstsein, gibt den Klang an und verbindet sich mit dem Geheimnis des Glaubens, dass Gott uns in Christus alles schenkt.

Erntedank feiern, das heißt sich Gott, dem Schöpfer aller guten Gaben, zuwenden, ihn anerkennen, ihm danken, ihn loben, an ihn glauben als den Ursprung unseres Lebens und darum *aus seinen Händen das Leben empfangen.* Für die Ernte danken und Gott feiern – so bekennen wir den Glauben, dass alles, was wir haben, ein Geschenk aus seiner Hand ist.

Erntedank in modernen Zeit?

Wir wären nicht Menschen unserer Zeit, wenn uns nicht der Zweifel käme: Erntedank in unserer heutigen Zeit zu feiern, ist das nicht eine Idylle? Wir leben in einer Zeit der freien und inzwischen globalen Marktwirtschaft. Wir haben Supermärkte, in denen nahezu alles zu jeder Zeit zu haben ist: ausländische Früchte, Tomaten aus Italien und Spanien, Gemüse aus Holland, Rosen aus Afrika ... Endlos die Wege der Produkte. Wir wählen aus, nehmen nicht einfach das, was uns vorgesetzt wird. Konkurrenzdruck bestimmt die Ware und den Preis. Wir kaufen im Sonderangebot, wir suchen Bioprodukte, wir werfen weg und kaufen neu. Wir sind nicht angewiesen auf diesen Bauern und diesen Bäcker in der

Nähe. Wir sind reich und werden nicht schnell bedürftig, auch wenn Hagel und Unwetter bei uns großen Schaden anrichten. Werden bei uns deswegen die Lebensmittel knapper, sodass wir es spüren? Wir hören von Katastrophen und Hunger weltweit, er ist aber immer anderswo, irgendwo. »Gott sei Dank«? Hat die Hochwasserkatastrophe in Süd- und Ostdeutschland etwas in uns bewirkt?

So satt, gut versorgt und sicher, erfahren wir zugleich vermehrt eine große Bedrohung. Unsere Nahrung ist vergiftet: Eier, Getreide, Fleisch, Milch, Obst. Was ist eigentlich noch in Ordnung, normal, gesund? Selbst die so genannte gesunde Nahrung aus den Bioläden wird fragwürdig. Wie und warum sollen wir dann Erntedank feiern? Gott ist vielleicht der *Geber aller guten Gaben*, aber der Mensch nimmt sie in die Hand, und spätestens danach sehen sie anders aus. Gott ist nicht mehr der Geber aller guten Gaben, der Mensch hat sich eingemischt. Er stellt her, produziert, verändert, steigert die Produktion, setzt das Maß und konsumiert, verbraucht, wirft weg.

Wo ist heute der Bezug zu diesem schönen, bunten und lebendigem Fest? Wir sind an einer ökologischen Grenze. Die Nahrung macht uns krank. Wo finden wir noch einen Ansatzpunkt, der dem konsumierenden und zugleich ängstlichen Menschen heute entspricht? Was spricht ihn an, führt zum Nachdenken, zum Staunen und Danken?

Mit den Kindern lernen – der wertschätzende Umgang

Mit den Eltern und Kindern könnten wir einen Weg wieder neu entdecken. Ein Kind wächst im Staunen, es entdeckt immer wieder Neues, freut sich an einer kleinen Blume, lacht über die Sonne, beißt mit Freude in einen roten Apfel. Wir lehren das Kind *Danke und Bitte* sagen und freuen uns, wenn es dies tut. Ist das nicht die ursprünglichste Haltung des Menschen? Damit lehren wir ihm nichts Fremdes, sondern verstärken seine Haltung, über die Welt zu staunen und die Dinge und Geschöpfe zu empfangen, Neues zu entdecken und sich an dem Entdeckten zu freuen. Und wir selbst, die Erziehenden, die »Alten« und Lebenserfahrenen, wir freuen uns mit und entdecken selbst wieder *die Welt als Gabe.*

Danken für eine Gabe, empfangen können, beschenkt werden, staunen und sich freuen über die Schöpfung, das Einfache als kostbare Gabe neu entdecken, – das alles kann durch einen besonderen Umgang mit den

Dingen sichtbar werden, einem *ganzheitlichen, wertschätzenden Umgang.* Daraus erwächst Behutsamkeit und Achtung im Umgang miteinander und mit den Dingen, Ehrfurcht und Dankbarkeit gegenüber Gott.

In der Liturgie

In der Liturgie ist für solche Haltungen nicht nur Platz, sondern sie lebt geradezu davon, sie gehören wesentlich zu ihr, ohne sie verflacht auch die Liturgie zum Konsumgut. Denn so feiern wir: Wir bringen *»die Frucht der Erde und der menschlichen Arbeit«*, wir bereiten *sorgfältig* den Tisch des Herrn, wir treten hin, nachdem wir uns bereitet haben. Wir *empfangen* das unter Gebet geheiligte Brot, den Leib des Herrn mit offenen, wartenden, bereiten Händen.

Von der Liturgie in den Alltag

Kann das, was wir miteinander in der Liturgie feiern, *im Alltag weiterklingen*? Dort ist der tägliche Ort, wo wir empfangen und geben, Not leiden und warten, Not lindern und einander helfen, wo wir all das *vor Gott, unserem Vater im Himmel, leben.* Doch gerade im Alltag, der oft dahinfließt, wo eine Aktion die andere ablöst oder jagt, der so genannte Stress schon die Kinder erfasst – dort also brauchen wir die *Sammlung*, die uns innehalten lässt, damit wir uns wieder als Beschenkte erfahren und Gott loben, der unser Leben trägt. Das erfordert Kraft und Entschiedenheit. Wenn es nicht mehr Gewohnheit ist, erscheint es fremd und unverständlich. Es stört fast das ablaufende Leben.

Am Erntedankfest können wir den guten, den wertschätzenden Umgang mit den Gaben in Erinnerung rufen und besonders pflegen. Wir decken zu Hause den Tisch festlich, damit wir unser Essen nicht nur konsumieren, die Kinder »abgespeist« werden, sondern damit wir *»unser tägliches Brot« empfangen, einander reichen, es ein Geschenk wird.* Wir halten zu Beginn inne und *beten*, um Gott zu danken. Vielen Familien müssen wir gedruckte Gebet in die Hand geben, damit sie wieder zu Tisch beten können. Doch angesichts der Bedrohungen unserer Familien, ihrer Lebensvollzüge und ihrer Einheit, angesichts der Gefährdungen und Vergiftungen der alltäglichen Nahrung sehen manche wieder neu, dass wir Gott um seinen Segen bitten müssen, damit uns unser »tägliches Brot« zum Segen und Heil wird.

2. Lange gereift – wie schnell weggeworfen

Das Wort der Verkündigung Mt 14,14–16

Als er ausstieg und die vielen Menschen sah, hatte er Mitleid mit ihnen und heilte die Kranken, die bei ihnen waren.
Als es Abend wurde, kamen die Jünger zu ihm und sagten: Der Ort ist abgelegen, und es ist schon spät geworden. Schick doch die Menschen weg, damit sie in die Dörfer gehen und sich etwas zu essen kaufen können.
Jesus antwortete: Sie brauchen nicht wegzugehen. Gebt ihr ihnen zu essen!

Im Gottesdienst nehmen wir nur zwei Worte aus der Verkündigung auf: »*Jesus hatte Mitleid mit den vielen hungrigen Menschen*« und die Weisung: »*Gebt ihr ihnen zu essen!*« Diese Worte, die aus der Erzählung von der Brotvermehrung stammen, sind keine Deutung des Wunders der Brotvermehrung, als würde Gott uns das Brot vermehren, wenn *wir nur* recht teilen, oder das Wunder sei es, dass wir selbst frei teilen, sondern wir lassen sie bewusst für sich stehen. Wir können das tun, denn sie entsprechen in ihrer Knappheit dem Auftrag der Bergpredigt, dem Hungrigen zu geben, den Bittenden nicht abzuweisen, und auch der letzten Verheißung Jesu: »Ich war hungrig, und ihr habt mir zu essen gegeben. Was ihr dem geringsten meiner Brüder getan habt, das habt ihr mir getan.« Darum also bleiben diese Worte auch für sich stehen, ohne dass wir den Kontext der Brotvermehrung erwähnen, damit nicht etwa die Brotvermehrung platt und falsch gedeutet oder folglich ihre spätere Deutung in einem anderen Gottesdienst versperrt wird.

Der ganzheitliche ZUGANG zum Auftrag, Mitleid zu haben und aufmerksam zu teilen, ist der *wertschätzende Umgang mit der Scheibe Brot selbst*, der »anschaulich« werden muss. Die Freude an den bunten Gaben der Schöpfung wird nicht durch den übervoll geschmückten Altar dargestellt – denn Überfülle ist keineswegs gleich Freude –, sondern durch den *behutsamen* Umgang mit dem *Wenigen*.

Denn angesichts dieser Überfülle müssen wir uns doch in unserem Alltag zu Hause fragen: Können wir empfangen und das Einfache schätzen? Können wir die Redewendung »*Weniger ist mehr*« nicht nur sagen, sondern leben? Offene Hände, das Empfangen des Alltäglichen wie die Scheibe gewöhnlichen Brotes auf dem schönen Tuch machen das Leben tiefer. Die Dankbarkeit ist nicht nur ein Wort, gesagt, erledigt, damit ich anschließend frei und willkürlich mit etwas umgehen kann, es gebrauche, verbrauche, vielleicht missbrauche, sondern sie ist eine Haltung, die bleibt. Das Geschenkte ist und bleibt geschenkt, es wird nie zum Selbsterworbenen, zum Anrecht, zur eigenen Leistung. Allein in einer *grundlegenden Dankbarkeit, der die Ehrfurcht* entspricht, leben wir vor Gott als seine Kinder. Dank macht unser Herz bereit, miteinander zu teilen und einander das zu geben, was jeder zum Leben braucht.

Die ganzheitliche Gestaltung

Für das kurze Spiel, das uns für das Wort Jesu öffnen soll, ist es wichtig, dass es *ganzheitlich* geschieht, dass nämlich die Worte – das Zählen der Wochen und Tage – nicht nur gewusst werden, sondern vorweg die Dinge geschaut werden: einerseits die Mülltonne, der kurze Wurf in die Mülltonne, andererseits die lang gewachsenen Ähren, die Fülle der Körner, das Mehl, später das weggeworfene Brot auf dem kostbaren Tuch. Die Ähren und Körner, das Reifen und die Sonne sind in der Scheibe Brot versammelt. Das *Staunen über das Schöne und Gute*, das im erfahrbaren, behutsamen, achtsamen Umgang geweckt wird, gibt *das Maß* für die erschreckende Wahrnehmung: Da wirft einer das Brot weg! Allein aus dem Staunen und Wertschätzen wächst die Ehrfurcht vor der Scheibe Brot. Sie wächst weder aus dem Rechenexempel, noch aus der Vorstellung, wie viele Menschen hungern.

Es BEGINNT der Weg in diesem Gottesdienst ganz schlicht: HINSCHAUEN. Wir sehen die schönen Erntekörbchen, die die Kinder bei sich tragen.

Im KYRIE folgt ein zweiter Blick, ein erinnernder Blick, ein Blick ins harte Leben, tausendfach gehört: Andere haben nicht ernten können. Und wir?

Nach dem Spiel, das uns wiederum ins Leben schauen lässt, wie es geht, wird die VERKÜNDIGUNG vorbereitet. Ein Kind kommt mit einem weißen Tuch über den offenen Händen, die Haltung lauteren, ehrfürchtigen Empfangens. Ihm gibt der Priester die weggeworfene Scheibe Brot aus der Mülltonne. So wird das *Mitleid Jesu und sein Auftrag* an uns augenfällig vorbereitet. Es beginnt bereits die ganzheitliche VERKÜNDIGUNG. Sie wird später mit der Aussage nur noch sparsam aufgenommen, dass Jesus *gerade seinen Freunden* sagt: Gebt *ihr* ihnen zu essen. Mit welchen Augen schauen wir?

Die FÜRBITTEN geben eine Antwort auf das Wort und den Auftrag Jesu. Die Fülle in unseren Händen, die Erntegaben, sind eine Gabe, damit wir teilen.

Vor der WANDLUNG kann der Priester nochmals mit einfachen Worten an das »*weggeworfen*« erinnern. Jesus ist wie einer, der weggeworfen wird. Durch seine Erniedrigung will er uns zur Liebe verwandeln, zu Kindern Gottes mit einem mitfühlenden Herzen, bereit, uns selbst mitzuteilen.

Die Liturgie

Vorzubereiten

- ❒ die Kinder bringen Erntedankkörbchen
- ❒ das Evangeliar am gewohnten Platz
  oder besonders hergerichtet an dem Platz, wo später die
  Erntedankkörbchen hingestellt werden
- ❒ große Kerze
- ❒ eine Mülltonne
- ❒ eine Scheibe Brot und ein schönes weißes Tuch dafür
- ❒ Gaben zu den Fürbitten: Ähren, Schalen mit Körnern und Mehl, ein Laib Brot
- ❒ Texte: Kyrie, Fürbitten

Einzug Singt Gott, jubelt ihm

(siehe: 11. Der Schatz im Acker – Eingang)

Begrüßung

Liebe Kinder, liebe Familien, liebe Gemeinde,
jetzt haben wir es schon laut gesagt, laut gesungen, warum wir hier sind: »Singt Gott, jubelt ihm!«
Wir haben Grund, Gott zu danken. Die schön bereiteten Erntedankkörbchen der Kinder erzählen es. Wir haben geerntet, wir werden satt, wir können miteinander leben.
So könnte es sein. Doch dann geschieht es. Wenn wir viel haben, vielleicht alles haben, dann – vergessen wir, zu staunen, »Danke!« zu sagen und an die Armen zu denken.
Darum lasst uns den Herrn um sein Erbarmen bitten.

Kyrie

1. Guter Gott, wir hatten in diesem Jahr eine gute Ernte.
Wir hatten Regen und Sonne zur rechten Zeit.
Alles konnte gut gedeihen.
In anderen Gegenden wurde durch Hagel und Unwetter viel zerstört. Dort gibt es in diesem Jahr keine Ernte.

Ruf Herr, erbarme dich unser.

2. Guter Gott, wir leben auf der Erde, auf diesem Boden.
Wir gehen über die Erde. Die Erde trägt uns.
Wir durften verreisen und sicher wieder zurückkehren.
Die Erde hat uns immer gut getragen.
In anderen Gegenden hat sie gezittert, gewackelt, gebebt.
Es gab schwere Erdbeben.
Viele Menschen fanden den Tod,
noch mehr verloren ihre Heimat.

Ruf Christus, erbarme dich unser.

3. Guter Gott, wir haben ein Haus zum Wohnen,
in dem wir uns sicher und geborgen fühlen dürfen.
Wir Kinder haben Platz zum Spielen.
In so vielen Ländern herrscht Krieg, Gewalt und Hass.
Sie zerstören das Leben der Menschen.

Ruf Herr, erbarme dich unser.

Gloria Lob und Preis

(Gemeinschaft Emmanuel, in: Singe, Jerusalem, 78)

Lesung Dtn 8,7–18

Wenn der Herr, dein Gott, dich in ein prächtiges Land führt, ein Land mit Bächen, Quellen und Grundwasser, das im Tal und am Berg hervorquillt, ein Land mit Weizen und Gerste, mit Weinstock, Feigenbaum und Granatbaum, ein Land mit Ölbaum und Honig, ein Land, in dem du nicht armselig dein Brot essen musst, in dem es dir an nichts fehlt, wenn du dort isst und satt wirst und den Herrn, deinen Gott, für das prächtige Land, das er dir gegeben hat, preist, dann nimm dich in acht und vergiss den Herrn, deinen Gott, nicht, missachte nicht seine Gebote.

Und wenn du gegessen hast und satt geworden bist und prächtige Häuser gebaut hast und sie bewohnst, wenn dein gesamter Besitz sich vermehrt, dann nimm dich in acht, dass dein Herz nicht hochmütig wird und du den Herrn, deinen Gott, nicht vergisst, der dich aus Ägypten, dem Sklavenhaus, geführt hat, der dich durch die große und furchterregende Wüste geführt hat, der für dich Wasser aus dem Felsen der Steilwand hervorsprudeln ließ und dich in der Wüste mit dem Manna speiste.

Dann nimm dich in acht und denk nicht bei dir:

Ich habe mir diesen Reichtum aus eigener Kraft und mit eigener Hand erworben. Denk vielmehr an den Herrn, deinen Gott: der war es, der dir die Kraft gab, Reichtum zu erwerben, weil er seinen Bund, den er deinen Vätern geschworen hatte, so verwirklichen wollte, wie er es heute tut.

Antwortgesang

GL 266, 1.3

Auf dem Schulhof

(nach Hermine König, in: Das große Jahresbuch für Kinder. Feste feiern und Bräuche neu entdecken. Kösel-Verlag [2]1996, S. 298f)

P. (Erzähler)

Ich möchte euch eine Geschichte erzählen.

❍ *Eine Mülltonne wird hingestellt.*

Eine Mülltonne steht da.
Sie steht auf dem Schulhof,
auf dem Schulhof in ... oder in ...
Der Lehrer geht über den Schulhof.
Er hat Pausenaufsicht.
Da läuft eine kleine Schülerin über den Hof, an der Mülltonne vorbei ...

❍ *Ein Kind kommt und läuft (geht) an der Mülltonne vorbei und wirft im Vorbeigehen eine Scheibe Brot hinein.*

Was war denn das?
Der Deckel der Mülltonne hat geklappert.
Der Lehrer kommt ...
Er holt aus der Mülltonne etwas hervor:
Eine frische Scheibe Brot!
Der Lehrer steht regungslos da und hält die Scheibe Brot hoch.

Kind — Stimmt was nicht?

Lehrer — Ich rechne.

Kind — Was gibt es da zu rechnen?

❍ *Ein Kind trägt einen flachen Korb mit Körnern heran. Der Lehrer greift in die Körner, lässt sie rieseln.*

Lehrer — Viel, mein Kind. Ich zähle die Wochen, die kleine Weizenkörner in der Erde gelegen haben bis sie die ersten grünen Spitzen durch die Erde ans Licht schoben.

Kind — Na, und?

❍ *Ein Kind trägt eine Vase mit Ähren heran.*
Der Lehrer nimmt eine Ähre heraus, schaut sie an, fährt mit zwei Fingern von unten nach oben den Halm empor.

Lehrer Ich zähle die Wochen, wie lange das Korn gewachsen ist in Sonne und Wind und Regen, bis es hoch war und die gelben Ähren sich im Wind hin und her bewegten.

Kind Na ja, und?

❍ *Ein Kind trägt eine Schale mit Mehl heran.*
Der Lehrer nimmt mit einer Schaufel (Löffel) etwas Mehl.

Lehrer Ich zähle die Wochen, in denen die Körner geerntet wurden,
gedroschen und zu Mehl gemahlen.

Kind Na und?

Lehrer Ich zähle die Tage und die vielen Kilometer Straße, bis das Mehl von der Mühle zum Bäcker kam.
Ich zähle die Stunden, die der Bäcker brauchte, bis aus Mehl und Wasser, Salz und Hefe das Brot im Backofen gebacken wurde.

Kind Na und?

Lehrer Ich zähle die Stunden, die es dauerte, bis das Brot braun und knusprig von der Bäckerei in die Familie kam.
Ich zähle die Minuten bis eine Scheibe abgeschnitten war, mit Butter beschmiert und mit Käse belegt.
Ich zähle die Sekunden: 1 – 2 – 3,
und das Butterbrot flog in die Mülltonne.

❍ *Das Brot wird wieder in die Mülltonne geworfen.*
❍ *Der Mülltonnendeckel wird zugeworfen.*
❍ *Stille*

Ich kann die Menschen nicht zählen,
die Hunger haben in unserer Welt – und kein Brot.

❍ *Die Kinder stellen ihre Zeichen ab, sie werden später bei den Fürbitten nochmals vorgetragen.*

- *P. entzündet eine Kerze am Hochaltar, übergibt die Kerze einem Kind und holt mit ihm ein anderes Kind ab, das ein weißes Tuch über den Händen hält. Sie gehen zusammen zur Mülltonne.*
- *P. holt das Brot wieder aus der Mülltonne und legt es dem Kind auf das weiße Tuch. Die Kinder bleiben dort stehen.*

P. Ich sehe die eine Scheibe Brot, so lang und kostbar geworden, ganz reich. Ich sehe den Hunger. Lasst uns hören, was Jesus uns dazu sagt.

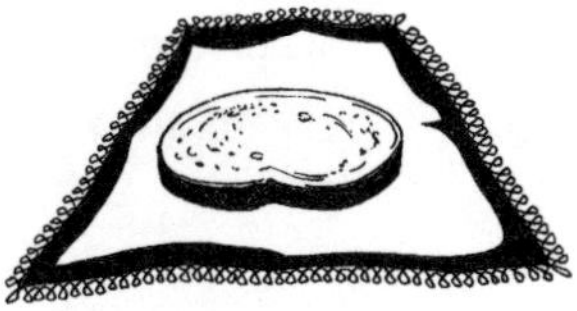

Evangelium Mt 14,14–16

- *P. holt das Evangelienbuch und verkündet mit einer kurzen Rahmenerzählung das Mitleid und den Auftrag Jesu.*

Jesus zieht durch das Land Israel mit seinen Jüngern. Wohin er kommt, versammeln sich die Menschen um ihn. Als Jesus die vielen Menschen sieht, hat er Mitleid mit ihnen. Und er heilt die Kranken, die bei ihnen sind. Am Abend sagt er zu seinen Freunden: »Gebt ihr ihnen zu essen!«

- *Das Evangeliar wird wieder zurückgetragen.*
- *Die Kerze und die Scheibe Brot werden entweder zum Altar gebracht oder dorthin, wo später die Kinder ihre Erntekörbchen hintragen werden.*

Was sagt Jesus dazu? Er sagt nicht viel.
Er sieht die vielen Menschen, die ihm folgen, die auf ihn warten, die sich freuen, wenn er kommt und da ist.
Und Jesus sieht sie, er sieht ihren Hunger und hat Mitleid. So ist er! Er schaut hin und hat Mitleid, er dreht sich nicht um, schaut nicht weg, er tut nicht so, als gäbe es kein Leid, keine Krankheit, keinen Hunger und Durst.
Er sagt auch nicht: Seht ihr zu! Das geht mich nichts an. Er hat Mitleid mit den Menschen. Es geht ihm sehr nahe, zum Her-

zen nah, wenn er den Hunger der Menschen sieht, den Hunger nach Gott und den Hunger nach Brot, den Hunger nach Leben. Da stehen seine Freunde bei ihm, seine Jünger. Sollten die nicht auch Mitleid haben? Müssen sie nicht lernen, das zu tun, was Jesus will? Darum sagt er ihnen: Gebt ihr ihnen zu essen! Weil sie seine Freunde sind, sagt er es ihnen. Er ruft nicht die Großen in Jerusalem, er ruft nicht den Bürgermeister des nächsten Dorfes. Die seinem Herzen nahe sind, die mit ihm gehen, die seine Freunde sind, denen vertraut er seine Sorge an, seine Liebe zu den Menschen, die Sorge um das tägliche Brot: Gebt ihr ihnen zu essen!
Können wir dann das Brot wegwerfen? Gott lässt die Körner wachsen und reifen, schenkt Sonne und Regen, dass die Ähren sich im Wind wiegen, er schenkt uns die Frucht der Erde und der menschlichen Arbeit, damit wir das Brot teilen, damit wir füreinander sorgen, damit die Liebe Jesu uns verbindet.
Mit Dankbarkeit tragen wir nochmals Korn, Ähren, Mehl und Brot zum Altar, um den Herrn um seinen Segen für alle Menschen zu bitten.

Fürbitten

- *Zu den Fürbitten werden die Zeichen Ähren, Korn, Mehl und Brot auf den Altar getragen.*
- *Für die Sammlung ist es gut, wenn nur ein Sprecher (Lektor) die Bitten spricht oder einer die Aussagen, ein zweiter die Bitten.*

P. Wir essen jeden Tag Brot, gutes Brot, verschiedene Sorten.
Und jeden Tag fliegt Brot erbarmungslos in die Mülltonne.
Wir vergessen, welche Fülle, welcher Reichtum, welches Geschenk im Brot ist.
Gott gibt uns das Brot, damit wir es miteinander teilen.

Ruf O Herr, wir bitten dich, o Herr, erhöre uns

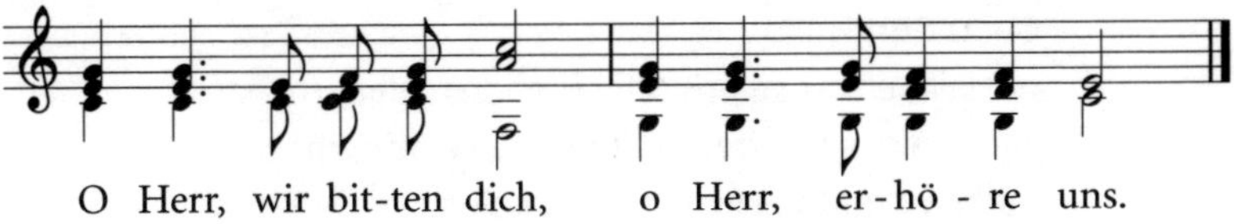
O Herr, wir bit-ten dich, o Herr, er-hö - re uns.

Herkunft unbekannt

❍ *Die Ähren werden vorgetragen.*

1. Die Felder wurden beackert, die Körner ausgesät,
in Sonne, Wind und Regen sind die Ähren gereift.
Wie viele Tage, wie viele Stunden?
In Geduld bringen sie viele neue, kleine Körner.

Guter Gott,
lass uns nicht vergessen, zu danken für die Früchte der Erde,
die uns entgegenwachsen.
Wie die Ähren lass uns Frucht bringen in Geduld.

Ruf O Herr, wir bitten dich, o Herr, erhöre uns

❍ *Der flache Korb (die Schale) mit Körnern wird nach vorne getragen.*

2. Der Korb ist mit vielen Körnern gefüllt, eine reiche Ernte.
Aus vielen Ähren wurden die Körner gedroschen.
Viele Menschen haben leere Hände, leere Körbe,
sie suchen den Mais und den Reis, doch die Felder haben keine Frucht gebracht.

Guter Gott, erbarme dich.
Schenke Regen und Sonne zur rechten Zeit.
Gib uns die Kraft, zu teilen, was wir haben.

Ruf O Herr, wir bitten dich, o Herr, erhöre uns

❍ *Das Mehl wird vorgetragen.*

3. Wir tragen das Mehl herbei.
Die Körner sind in die Mühle gefallen.
Die kleinen harten Körner wurden gemahlen.
Sie sind zum Mehl für das Brot geworden.

Guter Gott,
wir denken oft an uns selbst, an uns selbst zuerst,
wir sind eng und hart und sagen: Ich, nur ich.
Auch wir müssen in die Mühle fallen,
wir dürfen nicht hart bleiben,
wenn wir *ein* Brot werden sollen, eine Gemeinde.
Lass uns dankbar sein für alle Menschen,
die sich für uns plagen, mühen und aufreiben.

Ruf O Herr, wir bitten dich, o Herr, erhöre uns

❍ *Ein Laib Brot wird vorgetragen.*

4. Wir tragen einen großen Brotlaib vor,
aus vielen Körnern bereitet, in der Hitze gebacken.

Gott, unser Vater, gib uns das tägliche Brot.
Hilf uns, dass wir es zu Hause in Frieden und einmütig am Tisch teilen.
Lass uns nicht habgierig, geizig und ichsüchtig werden.
Schenke uns ein Herz, das Mitleid haben kann,
damit wir die Armen nicht vergessen.

Ruf O Herr, wir bitten dich, o Herr, erhöre uns

❍ *Alle geben einander die Hand.*

P. Wir sind versammelt um Jesus in unserer Mitte.
Lasst uns die Hand reichen nach rechts und links ...

Guter Gott, wir danken dir füreinander,
für die, die rechts und links neben uns stehen,
Eltern und Kinder, Große und Kleine.
Lass unsere Hände und unser Herz offen sein,
damit wir einander geben, was wir brauchen:
das gute Wort und die Zeit, Geduld und Verstehen
und die helfende Hand zur rechten Zeit.
Unsere Gemeinschaft sei ein Lobpreis und Dank deiner Liebe und Güte. Durch Christus unsern Herrn. Amen.

Prozession

Wir danken Gott für alles, was wir empfangen haben
(R. Krenzer / M. Göth, in R. Krenzer, Wir danken für die Ernte, Limburg 1994, 92)

❍ *Die Kinder tragen ihre Körbchen mit Erntegaben zum Altar*

Gabenbereitung

Nimm, o Herr, die Gaben, die wir bringen
(in: Troubadour, 190)

Sanctus GL 257, 3

Zur Wandlung

P. Erinnern wir uns noch an die Scheibe Brot, die in die Mülltonne weggeworfen wurde?
»Weggeworfen« – so haben es die Menschen mit Jesus gemacht. Weg mit dir! Weg mit dir!
Jesus wird für uns wie einer, der weggeworfen wurde,
in den Dreck getreten, übersehen, unwichtig, klein gemacht.
Diesen Weg ist Jesus gegangen.
In seiner Liebe wird er arm und weggeworfen bis zum Tod.
So will er uns erlösen, aus unserer Sünde, Enge und Ichsucht herausführen, damit wir neue Menschen werden,
Kinder Gottes,
Menschen voll Liebe, Achtsamkeit und Güte.
Jetzt feiern wir es, dass Jesus sein Leben für uns hingibt.

Nach der Kommunion

»Vater unser im Himmel,
unser tägliches Brot gib uns heute«,
das beten wir jeden Tag, und unser Tisch ist gedeckt.
Wir können dir danken, unser Vater im Himmel.
»Unser tägliches Brot gib uns heute«,
das beten viele Menschen auf der weiten Welt,
aber bei vielen ist der Tisch nicht gedeckt.
Sie können dir nicht danken, unser Vater im Himmel.
»Unser tägliches Brot gib uns heute«,

sprechen wir und sagen es so leicht daher.
Wir bitten dich nicht und danken dir nicht,
denn wir haben alles, wovon wir leben.
»Vater unser im Himmel,
unser tägliches Brot gib uns heute«,
neu wollen wir es sagen mit einem weiten Herzen
und beten es nicht nur für uns.

Dank Lebt euer Leben mit Gott
(siehe unten)

Schluss Singt dem Herrn ein neues Lied (GL 268)

Am Schluss könnten schön zusammengestellte Tischgebete an die Familien verteilt werden.

Lebt euer Leben mit Gott

T. u. M.: Kathi Stimmer-Salzeder

2. Lebt euer Leben mit Gott
uns spürt, wie die Liebe das Leben umschließt.
Denn wer könnte inniger lieben,
als wer für den Bruder stirbt.

3. Lebt euer Leben mit Gott
und helft, dass auch Blinde und Taube verstehn.
Tragt seine Freude unter die Menschen,
seid nicht stumm, er ist bei euch.

4. Lebt euer Leben mit Gott,
habt wachsame Augen, wo Gutes zu tun.
Rührt eure Hände zu Trost und Hilfe,
er gibt Hoffnung, er gibt Kraft.

5. Lebt euer Leben mit Gott!
Wohin wollt ihr gehen, wenn er euch nicht führt?
Alles Böse wird er besiegen,
fürchtet nichts, er bleibt euch treu!

ADVENT – ERWARTUNG IN UNSERER ZEIT?

Die Adventszeit weckt viele Kindheitserinnerungen. Da mögen die Menschen aufgeklärt und nüchtern sein, sachlich und der Kirche distanziert, doch der *Advent* bringt bei sehr vielen wieder Erinnerungen an Begegnungen, Lichter, Melodien, Gerüche und Feiern hervor, er lässt Menschen rennen und grüne Zweige suchen, Lichter in den Wohnungen entzünden und träumen, nicht selten auch weinen. Adventskränze stehen in den Zimmern, Sterne und Lichter hängen in den Fenstern, mit Kindern werden Adventskalender geöffnet, Plätzchen gebacken, Geschenke gebastelt. Es ist eine sinnenhafte Zeit, die sich deshalb auch im Gemüt der Menschen eingewurzelt hat.

Brauchtum und Heilsbotschaft

Advent – diese Zeit ist wie keine andere von Zeichen und Brauchtum durchwoben. Wollte jemand das Brauchtum abschaffen, fiele die Zeit in sich zusammen. Würde dann ein »*Kern*«, um den sich alles webt und formt, aufscheinen? Das Brauchtum hat sich längst verselbständigt, wie vielfach beklagt wird. Dennoch ist dieses Brauchtum mit unserer *Heilsbotschaft* verbunden, mit ihr zusammengewachsen oder hat sich an eine tiefe Erwartung und Hoffnung angelehnt, sodass wir sie, bei aller Verstellung, dennoch wahrnehmen und hier und dort auch neu entfalten können. Das Brauchtum zeichnet das Dunkel, erzählt vom Warten auf den Erlöser, vom Licht, das in die Dunkelheit kommt, vom großen Stern, der aufleuchtet, sodass die Welt nach dem Frieden zu fragen und darauf zu hoffen wagt, von der Wurzel, die gegen alle Hoffnung neu zu sprießen beginnt, von den Dornen, die Rosen tragen, vom verhärteten Herzen, das durch Güte weich wird, usw.

Sich öffnen

In allen Bildern klingt eine befreiende Verheißung durch, die alle Lebenserfahrungen umfasst: *Das verschlossene Tor wird geöffnet*. Verschlossenheit in vielen Schichten wird gewendet. Gott öffnet das Tor zu sich und kommt zu uns, damit wir zu ihm kommen. Diese große Begegnung, nicht ein Traum, sondern geschichtsmächtig geworden, trägt das reiche Brauchtum, seine Geschichten und Lieder. Darum sollen sich Tore zwischen den Menschen öffnen, Abweisung, Angst, Härte, die rauen Schalen, Verbitterung und Hoffnungslosigkeit weichen; offen sollen wir alle werden für die Ankunft des neuen Lebens. Diese tiefe Sehnsucht und Verheißung besingen wir: »Macht hoch die Tür, die Tor macht weit.«

Sehnsucht und Warten

Was ist von diesem Wurzelgrund geblieben? Vieles – und zugleich wenig. Spätestens Mitte Oktober beginnt der Kauf-Advent, es folgen schnell das Dudeln der Weihnachtslieder in den Kaufhäusern, die Lichterketten an den Häusern, Christbäume auf allen Plätzen und in den Gärten – die Adventszeit scheint zur Vollendung gekommen zu sein, ehe der erste Advent da ist. Gehen wir fehl, wenn wir sagen, in all dem Rennen und Kaufen der Menschen, dem Schmücken der Wohnungen, dem Entzünden der Lichter, dem Singen und gemütlich Feiern sei ihre *Sehnsucht zu spüren* nach Geborgenheit, nach Licht, Wärme, Schutz, nach »Heil«? Diese Sehnsucht, die scheinbar schon die Vollendung besingt, hat den Grund der christlichen Botschaft verloren, die das Dunkel noch anschauen kann und es nicht »überglitzert«, die es wagt, von der Umkehr zu reden, die auf Gott hofft und seine Nähe als Licht und Rettung verkündet, die Christus, den Heiland, erwartet, der den Menschen heilt, die groß vom Menschen denkt und bekennt: Gott selbst muss kommen, um den Menschen zu erlösen. Das Brauchtum hat keinen *Hinweischarakter* mehr, es lebt für sich.

Die Liturgie als Weg der Sehnsucht

In unserer Liturgie des Advent hingegen finden wir einen ganz anderen Klang dieser Zeit. Er ist zunächst herb. »Kehrt um!«, ruft uns Johannes der Täufer zu, »bereitet dem Herrn den Weg!«

Adventliche Texte sprechen von der Dunkelheit und Not, vom Warten vom Rufen nach Erlösung, und sie verheißen uns in großen Visionen einen neuen Himmel und eine neue Erde. Das Licht kommt langsam, erst eine Kerze, dann zwei, dann drei, dann vier. Die Liturgie ist feinfühlig, sie gibt Raum zum Wachsen und Reifen. Warten, Hoffen, Freude, Erfüllung. All das braucht seine Zeit.

Wird es uns gelingen, Eltern und Kinder, die Gemeinde wieder in diese ursprünglichen Haltungen des Advent hineinzuführen? Können wir die Liturgie so feiern, dass sie die Frohe Botschaft sinnenhaft verkündet und dabei das Herz und das Gemüt befriedend anspricht, aber auch einen echten Willen zur Umkehr und zur Hinwendung auf den Erlöser und das Heil weckt? Für diese Aufgabe muss die Liturgie *einfach* sein, *Wesentliches unseres Lebens* in den Blick rücken und der Vielschichtigkeit Raum lassen. Darüber hinaus ist es gut, auch danach zu suchen, welche Hilfen den Gläubigen gegeben werden können, um selbst die Anstöße zu Hause weiterzuführen.

3. Bereitet dem Herrn den Weg

Das Wort der Verkündigung Mt 3,1–3.5–6

In jenen Tagen trat Johannes der Täufer auf und verkündete in der Wüste von Judäa: Kehrt um! Denn das Himmelreich ist nahe.
Er war es, von dem der Prophet Jesaja gesagt hat: Eine Stimme ruft in der Wüste: Bereitet dem Herrn den Weg! Ebnet ihm die Straßen!
Die Leute von Jerusalem und ganz Judäa und aus der ganzen Jordangegend zogen zu ihm hinaus; sie bekannten ihre Sünden und ließen sich im Jordan von ihm taufen.

»Bereitet dem Herrn den Weg« gehört wohl mit zu den bekanntesten Rufen der Adventszeit. Dieser Ruf eröffnet, der Heilsgeschichte entsprechend, eine neue Zeit. Verwunderlich freilich ist, dass alle Leute hinausliefen und sich das anhörten, dass sie ihre Sünden bekannten und umkehrten. Mit offenen Ohren, in großer Bereitschaft zogen sie hinaus. Was für eine Zeit der Erwartung? Da wir den Erlöser, Christus, der kommen sollte, schon empfangen haben, *da wir Christen sind*, muss für uns das Wort des Johannes anders klingen als für jene damals. Bringt es uns noch auf den Weg?

Wir haben weder dieselbe Zeit-Erwartung wie jene noch die lebendige Erwartung einer kommenden Herrlichkeit; auch die ist uns fern. Aber es bleibt: *Gott will kommen.* Er hat sich für uns entschieden. Vielleicht müssten wir manchmal so leben, als wäre Gott noch nicht gekommen und alles wäre zu erwarten, alles noch offen. Aber so sind wir eben nicht. Täuschen wir uns über uns selbst, und Gott und wir sind einander doch ferner als wir wahrhaben wollen? Steht doch noch ein *Advent – Ankunft* aus?

Wir bereiten Gott heute keine Wege, weil wir bei uns bleiben, in uns ruhen, weil wir das im Blick haben, was uns unmittelbar nützt und dient. Es mag unsere *Selbstsicherheit* sein, die stumpf macht, oder die *Verbit-*

terung aus Enttäuschung, die auch nichts mehr wagt. Das sind schwere Hindernisse, gewichtige Brocken auf dem Weg der Begegnung mit Gott und miteinander.

Die ganzheitliche Gestaltung

In diesem Gottesdienst nehmen wir solche Hindernisse, die Verschlossenheit, Egoismus, Verhärtung, Versteinerung heißen, in den Blick als schwere, hinderliche *Grundhaltungen* sowohl für die Begegnung mit Gott als auch miteinander.

Zu Beginn und im KYRIE eröffnen wir, ganzheitlich feiernd, das Bild und die *Erfahrung des Weges:* wir gehen Wege, manche gern und froh, andere widerwillig oder nur mühsam.

In der DEUTUNG DES EVANGELIUMS nehmen wir *nur diese Seite* der Botschaft auf, dass wir nicht einmal *aus uns herausgehen*, sondern verhärtet, egoistisch *bei uns bleiben*, um uns kreisen und einander Steine in den Weg werfen. Die Steine sind uns ganz nah, in unserm Leib, im Verhalten, Handeln und Denken. Wie kann dann Gott bei uns sein?

In den FÜRBITTEN tragen wir Lichter zu den Steinen. Licht fällt auf sie, sie liegen offensichtlich da. Zugleich ist das Licht geradezu das Gegenteil der Steine, es strahlt, verschenkt sich und führt uns zusammen. Das Licht leuchtet schon Jesus voraus. Darum können die Kerzen jeweils an dem Licht entzündet werden, das das Evangelium begleitet.

Im FRIEDENSGRUSS stehen wir nochmals mit verschränkten Armen wie verhärtet, stur für uns und öffnen uns dann beim Singen des Friedensliedes.

Nach der Kommunion kann ein eingeübter Kanon als Tanz die Freude und das Erwarten des Herrn ausdrücken.

Vorzubereiten

- ❐ im Mittelgang liegen zu einem Weg geformte Tücher, darauf wenigstens sechs sehr große Steine
- ❐ Priester und Messdiener halten einen Einzug durch den Mittelgang. Es wird deutlich, dass die Steine im Weg liegen und es dadurch nicht so einfach ist, in den Altarraum zu gelangen
- ❐ große Kerze zum Evangelium
- ❐ Trommel
- ❐ 6 Kerzen (keine Opferlichte) für die Fürbitten
- ❐ Texte: Kyrie, Gespräch nach dem Evangelium, Fürbitten

Einzug Bereitet den Weg

T. u. M.: Hanni Neubauer

G C
1. Be - rei - tet den Weg, be - rei - tet den
2. Öff - net die Tü - ren, öff - net die
D 1. G
Weg, be - rei - tet die Her-zen, weil Gott kom-men
To - re, öff - net die
2. G D G
will. Her - zen, weil Gott kom-men will.
G C
Er ist das Licht auf un - se - rem Weg,
D G
er ist die Freu - de in Trau - rig - keit.

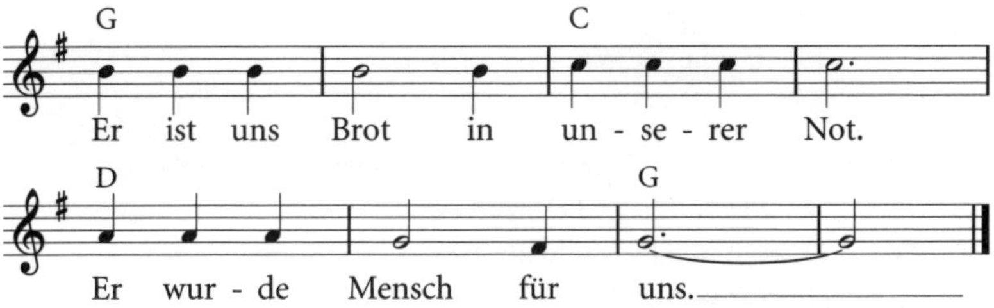

Entnommen aus: Religionspädagogische Praxis, Handreichung für elementare Religionspädagogik, Jh. 1985, Nr. IV, S. 40, »Macht hoch die Tür«, alle Rechte bei RPA Verlag, Landshut

Begrüßung

Einführung

P. Heute war es gar nicht so einfach, hierher zu kommen.
Alle können sicherlich die Steine sehen, oder ihr habt sie beim Hereinkommen sofort entdeckt. Gewaltige Steine, keine heimlichen Stolpersteine, nein, Brocken.
Wer hat die nur hingeschleppt?
Vielleicht haben einige, als sie diese Steine da herumliegen sahen, gedacht: Was soll denn das? Was hat denn der Pfarrer wieder vor?
Die Kinder sehen die Steine und denken: Da können wir einen Hindernislauf machen oder von Stein zu Stein springen.
Vielleicht gibt es auch welche unter uns, die sehen die Steine und sagen: So ist das in unserem Leben. Da gehe ich nichts ahnend wohin, und plötzlich wirft mir jemand dicke Steine in den Weg.
Wir alle gehen jeden Tag Wege, schöne Wege, gerade Wege, bergauf und bergab, zu Fuß, mit dem Fahrrad, mit dem Auto, aber es gibt auch Wege, die uns schwer fallen.
Wir haben einen Weg durch den Advent begonnen, einen Adventsweg. Wie sind wir jetzt da? Wir hören, was uns einige sagen.

Kyrie

1. Tagein, tagaus gehen wir viele Wege.
Wir gehen zu Freunden und Bekannten.
Aber der Weg zur Kirche fällt uns manchmal schwer,
wir brechen nicht gern von zu Hause auf.
Jesus, hier wartest du auf uns.

Ruf Herr, erbarme dich.

2. Heute sind wir den Weg zur Kirche gegangen.
Sind unsere Gedanken auch da?
Sind wir offen und bereit, auf Jesus zu hören?
Jesus, du willst zu uns reden.
Dein Wort ist Kraft auf unseren Wegen.

Ruf Christus, erbarme dich.

3. Wie viele Wege sind wir in der letzten Woche gegangen?
Immer dieselben zum Kindergarten, in die Schule, zur Arbeit, zu Freunden?
Jetzt ist Advent. Haben wir auch dich gesucht, Jesus?

Ruf Herr, erbarme dich.

Tagesgebet

Lied Im Advent, im Advent
(R. Krenzer/D. Jöcker, in: Das große Liederbuch, Limburg ^{3}1993, 94)

Evangelium

Mt 3,1–3

P. Da liegen die Steine auf dem Weg oder im Weg.
Wir hören, was das Evangelium uns dazu sagt.

❍ *Die große Kerze wird entzündet; Evangeliumsprozession.*

In jenen Tagen trat Johannes der Täufer auf und verkündete in der Wüste von Judäa: Kehrt um! Denn das Himmelreich ist nahe.
Er war es, von dem der Prophet Jesaja gesagt hat: Eine Stimme ruft in der Wüste: Bereitet dem Herrn den Weg! Ebnet ihm die Straßen!

Darstellung

❍ *Die 3 Sprechergruppen kommen am besten gleichzeitig nach vorn, wenn der Chorraum groß genug ist.*

P. Was liegt denn da auf dem Weg? Was ist das eigentlich?

1. Kind Steine liegen auf dem Weg.

❍ *Trommelschlag o.Ä. als akustische Untermalung. Klingen lassen!*

2. Kind Was soll ich heute schon wieder machen?
Ich habe zu nichts Lust.

3. Kind Mir ist ja auch so langweilig.

2. Kind Und ich bin sowieso schlecht gelaunt. Lass mich ja in Ruh!

3. Kind Bald ist Weihnachten. Hoffentlich kriege ich wenigstens alles,
was ich mir wünsche.

P. Steine auf dem Weg, dicke Steine.
Oft sind wir uns selbst im Weg, unzufrieden,
wir haben zu nichts Lust und an nichts Freude.
Versperren wir uns damit nicht den Weg zu Gott?
Gott ist doch Freude und neu jeden Tag.
Schwere Steine. Wer hebt sie weg?

Liedruf Bereitet den Weg, bereitet den Weg,
bereitet die Herzen, weil Gott kommen will
(nur dieser KV)

P. Was liegt denn da auf dem Weg? Was ist das eigentlich?

1. Kind Steine liegen auf dem Weg, dicke Steine.

❍ *Trommelschlag*

2. Kind Du brauchst nie mehr zu mir zu kommen.
Immer das Gleiche, immer soll ich Schuld sein.
Warum soll ich immer nachgeben?

3. Kind Stimmt doch, du warst ja auch Schuld.
Und außerdem bist du sowieso nicht mehr mein Freund,
mit dir spiele ich nie mehr.

2. Kind Ach, lass mich doch in Ruhe (blöder Kerl)!

P. Steine auf dem Weg, dicke Steine.
Manchmal legen wir anderen Steine in den Weg,
wir sind feindselig, rechthaberisch und unversöhnlich.

3. Bereitet dem Herrn den Weg

Viele böse Worte oder nur ein böses Wort,
ein böser Blick:
Versperren wir nicht so Gott den Weg zu uns?
Gott bringt doch Friede und Versöhnung.

Liedruf Bereitet den Weg ...

P. Was liegt denn da auf dem Weg? Was ist das eigentlich?

1. Erw. Gewichtige Steine liegen dort auf dem Weg.

❍ *Trommelschlag*

2. Erw. Advent: eine stille und ruhige Zeit, Zeit des Wartens,
weil Gott kommen will.

3. Erw. Warten? Du hast Nerven!
Dafür habe ich keine Zeit, mein Terminkalender ist voll.
Und jetzt kommen noch die vielen Weihnachtsfeiern.

2. Erw. Du hast Recht, wann soll ich nur Plätzchen backen?
Ohne Plätzchen keine Weihnachtsfeier!

3. Erw. Mir fehlen auch noch Geschenke, da kommt schon einiges zusammen, du kannst doch die Kinder nicht leer ausgehen lassen.
Und die Weihnachtspost – das erwarten die andern,
schließlich gehört das auch dazu.

P. So viele Steine liegen auf dem Weg, gewichtige Brocken!

❍ *Trommelschlag*

Sehen wir da überhaupt noch das Ziel
des Weges?
Stolpern wir nicht von einem Stein zum
anderen?
Jesus, auf welchem Weg willst du kommen?
Du kommst auf dem falschen Weg.

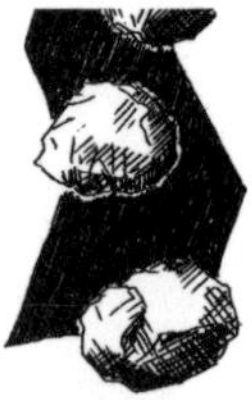

Liedruf Bereitet den Weg ...

Überleitung

P. Wo liegen die Steine? ... Liegen sie dort? Liegen sie nur dort?
Schaut mich einmal an!

❍ *P. macht sich langsam hart, ballt die Fäuste, verschränkt die Arme, wird ganz eng, das Gesicht still und hart ...*

Ihr könnt das alle genauso machen. Ich mache mich ganz hart, balle die Fäuste, verschränke die Arme, von Fuß bis Kopf hart ...
Wo sind die Steine? Da in den Bänken sitzen sie ...
Wir lösen uns wieder.
Das haben uns doch die Kinder und die Erwachsenen eben erzählt und ins Herz gesagt, was uns hart macht. Ohne Lust, unzufrieden, du bist Schuld, du Spielverderber, Hauptsache, ich bekomme Geschenke, haben, mehr haben (Gestik), rennen, hetzen, Stress, ich habe keine Zeit ...

Fürbitten

❍ *Zu jeder Fürbitte wird jeweils eine große Kerze (z.B. 250/60) auf den Weg neben einen Stein gestellt.*

P. Die Kerzen, die wir jetzt zu den Steinen tragen, zeigen deutlich: Da sind für Jesus gefährliche Steine im Weg.
Die Kerzen sagen aber auch: Jesus, ich warte auf dich. Ich habe dich gern und darum will ich umkehren.

1. Kind Jesus, wir wollen dir den Weg bereiten.
Du willst kommen.

❍ *Die Kerze wird zum Stein getragen.*
Erst danach die Bitte:

Hilf uns, dass wir die Augen öffnen
und einander freundlich anschauen.
Dann wirst du zu uns kommen und bei uns sein.

Ruf Komm, Herr Jesus, höre unser Rufen!

T.: Sr. Esther Kaufmann; M.: Franz Mitterreiter

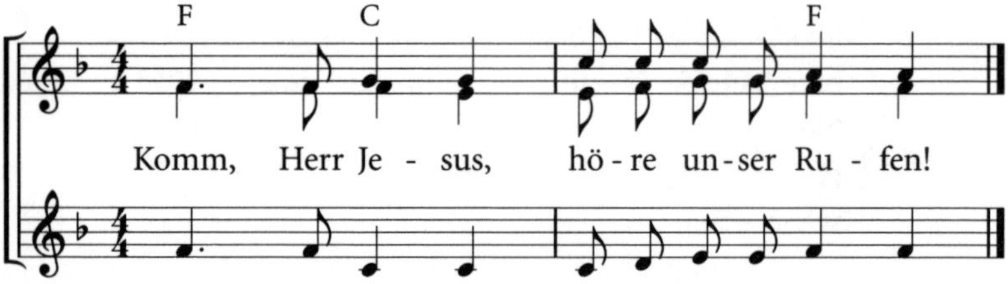

2. Kind Jesus, wir wollen dir den Weg bereiten.
Du willst kommen.

❍ *Die Kerze wird zum Stein getragen. Erst danach die Bitte:*

Hilf uns, dass wir die Ohren öffnen
und einander verstehen.
Dann wirst du zu uns kommen und bei uns sein.

Ruf Komm, Herr Jesus, höre unser Rufen!

3. Kind Jesus, wir wollen dir den Weg bereiten.
Du willst kommen.

❍ *Die Kerze wird zum Stein getragen. Erst danach die Bitte:*

Hilf uns, dass wir die Hände öffnen,
dass wir teilen und nichts Böses tun.
Dann wirst du zu uns kommen und bei uns sein.

Ruf Komm, Herr Jesus, höre unser Rufen!

4. Erw. Jesus, wir wollen dir den Weg bereiten.
Du willst kommen.

❍ *Die Kerze wird zum Stein getragen. Erst danach die Bitte:*

Hilf uns, dass wir Traurigen Mut machen können
und den Friedlosen und Unzufriedenen Freude bringen.
Dann wirst du zu uns kommen und bei uns sein.

Ruf Komm, Herr Jesus, höre unser Rufen!

5\. Kind Jesus, wir wollen dir den Weg bereiten.
Du willst kommen.

❍ *Die Kerze wird zum Stein getragen. Erst danach die Bitte:*

Hilf uns, dass wir mit dem Herzen auf dich hören,
dass wir jeden Tag beten und mit dir reden.
Dann wirst du zu uns kommen und bei uns sein.

Ruf Komm, Herr Jesus, höre unser Rufen!

6\. Erw. Jesus, wir wollen dir den Weg bereiten.
Du willst kommen.

❍ *Die Kerze wird zum Stein getragen. Erst danach die Bitte:*

Hilf uns, in der Adventszeit still zu werden,
damit wir unterscheiden, worauf es ankommt.
Dann wirst du zu uns kommen und bei uns sein.

Ruf Komm, Herr Jesus, höre unser Rufen!

Gabenbereitung

Wenn wir unsere Gaben bringen
(K. Stimmer-Salzeder, in: Lied der Hoffnung 3, 76)

Sanctus

Friedensgruß

❍ *Alle stellen sich mit verschränkten Armen hin: Ich für mich.*

P. Herr, so stehen wir oft, verschlossen, verbittert, wollen nichts mit anderen zu tun haben, wir ärgern uns und sind einander böse. Unfriede ist da.
Herr Jesus Christus, schau nicht auf uns, sondern auf den Glauben und die Sehnsucht deiner Kirche und schenke ihr Einheit und Frieden. Herr, kehr uns um und mach uns frei!

Lied Meine Hand ist offen
(siehe 11. Der Schatz im Acker – Friedensgruß)

❍ *Gestik: siehe dort.*

Dank Macht hoch die Tür, die Tor macht weit

T. u. M.: J. Hirsch / W. Deutsch

1.
Macht hoch die Tür, die Tor macht weit!
2.
Macht eu - er Herz dem Herrn be - reit,
3.
dem Herrn, der kommt in uns - re Zeit.

ADVENT – ZEIT DER BEGEGNUNG

»Maria durch ein Dornwald ging«, erzählt ein altes Lied, das vielfach von Chören schön gesungen in Domen und Kirchen zur Adventszeit erklingt. Es rührt uns an in seiner Melodie und durch die tiefe Aussage: »Da haben die Dornen Rosen getragen.« Welch ein Wunder wird »da« besungen? Das Kind, noch ungeboren, verborgen im Leib der Mutter getragen, bringt schon Heil und Leben in die Welt. Gehen wir selbst in den Dornwald, in das vertrocknete Gestrüpp, das gerade noch gut genug ist, dass wir es wegbrennen, gehen wir in die Dornen unseres Lebens, die uns einengen und zu ersticken drohen, und staunen: Diese Dornen sollen noch einmal blühen, leben, eine Freude werden?

Zeit der Begegnung

Begegnung ist für uns eine wichtige Erfahrung im Advent. Wir erfahren es allenthalben, dass Menschen eine Sehnsucht und fast einen Auftrag spüren, im Advent in der Familie wieder Wege aufeinander zuzugehen oder zum Nachbarn, zu Kranken. Sie laufen nach Geschenken, um nicht mit leeren Händen zu kommen. Sie denken an die Obdachlosen und die Einsamen. *Gute Begegnung* pflegen heißt dann oft: Berge abtragen, Wege ebnen, den ersten Schritt tun und Missverständnisse ausräumen, Vorwürfe, harte Brocken und Verhärtungen aufweichen, sich näher kommen und wieder anschauen und zuhören. Die Tränen sind groß in dieser Zeit, wenn genau diese Begegnung nicht stattfinden kann.

Verborgen auf dem Weg

Begegnung neu zu wagen oder tiefer werden zu lassen, das entspricht der Botschaft des Advent: Jesus ist schon auf dem Weg, er will uns nahe kommen, uns finden, uns begegnen. Die erste Begegnung ist leise, fast noch verborgen. Die Welt ahnt nichts von ihrem Glück, vom anbrechenden Heil. Das Kind wird von Maria zu Elisabet getragen. Maria, vom Heiligen Geist erfüllt, macht sich auf den Weg ins Bergland von Judäa.

Elisabet hört den Gruß Marias, wird vom Heiligen Geist erfüllt und erkennt die Mutter ihres Herrn. In der Begegnung beider Frauen wird das große Geheimnis offenbar: »Gott hat Großes an mir getan, sein Name ist heilig.« Er denkt an sein Erbarmen, hat seinen Bund nicht vergessen.

Das Heil tragen

Wir verbinden dieses Lied mit der Begegnung von Maria und Elisabet, mit dem Segensruf über Maria und über die Frucht ihres Leibes, den verborgenen Erlöser. Eine große Hoffnung wird in dem Lied laut: Nur weil Jesus so in die Welt getragen wird, beginnt sie schon zu blühen. Vor jeder Predigt und Bekehrung, vor Zeichen und Wundern, die zum Glauben und zur Entscheidung herausfordern mögen, *vor all dem, ist die Nähe des Sohnes Gottes in Maria heilsam.* Die innige Freude des Liedes, die wohl dem mütterlichen, hoffenden Herzen entspringt, kann still machen, den Aktivismus ruhen lassen, könnte unseren Blick auf unsere Wege im Advent lenken. Gehen wir im Vertrauen, dass wir Jesus in die Welt tragen, dass wir eine kostbare Hoffnung in uns tragen? Seine Nähe in der Mitte unserer Begegnungen ist segensreich und heilsam.

Begegnung als Auftrag in unserer Zeit

Begegnung ist für unsere Kinder so wichtig, weil sie immer auf der Suche sind nach einem Freund, nach einem guten Wort, nach einem, der ihnen zuhört und sie versteht. Ein Kind will nie allein sein. Selbst wenn es allein spielt, braucht es die Nähe von Vater und Mutter oder eines vertrauten Menschen, der den Raum miterfüllt. *Begegnung ist in den Familien* so wichtig, ja, sie leben von der guten Begegnung, nämlich von Verzeihen und Verstehen, vom guten Wort und der Beachtung, von Aufmerksamkeit und Entgegenkommen. *Gute Begegnung als ein Herzensraum*, in dem wir verstanden und angenommen sind, stärkt unser Vertrauen und unsere Sicherheit, uns auf den Weg zu anderen noch unvertrauten Menschen zu machen oder sogar neu zu denen zu gehen, die wir sonst meiden, mit denen wir nichts zu tun haben wollen.

Begegnung ist in unserer Zeit *bedroht* durch Funktionalität, Nutzen, Zweck, Gewinn. *Der Weg zum Du* ist oft versperrt durch das *»Ich für mich«* oder »Wir für uns«. In der adventlichen Zeit aber haben wir oft eine größere Sensibilität, uns dem Wort und dem Anspruch unserer Zeit zu öffnen und den Schritt vom Ich zum Du neu zu wagen.

4. Da haben die Dornen Rosen getragen

Das Wort der Verkündigung Lk 1,39–47

Nach einigen Tagen machte sich Maria auf den Weg und eilte in
eine Stadt im Bergland von Judäa.
Sie ging in das Haus des Zacharias und begrüßte Elisabet.
Als Elisabet den Gruß Marias hörte, hüpfte das Kind in ihrem Leib.
Da wurde Elisabet vom Heiligen Geist erfüllt und rief mit lauter
Stimme: Gesegnet bist du mehr als alle anderen Frauen,
und gesegnet ist die Frucht deines Leibes.
Wer bin ich, dass die Mutter meines Herrn zu mir kommt?
In dem Augenblick, als ich deinen Gruß hörte,
hüpfte das Kind vor Freude in meinem Leib.
Selig ist die, die geglaubt hat, dass sich erfüllt, was der Herr ihr
sagen ließ.
Da sagte Maria: Meine Seele preist die Größe des Herrn,
und mein Geist jubelt über Gott, meinen Retter.

Begegnungen: im Haus des Zacharias Begegnung der beiden Mütter, an denen Gott das Unmögliche getan hat; im selben Geist Begegnung der Hoffenden und Staunenden; im Schoß der Mütter Begegnung des Vorläufers und Wegbereiters mit dem Größeren, der noch so klein und verborgen nach ihm kommt; im Lobpreis Marias Begegnung des Volkes, das seit Abraham auf die Erfüllung der Verheißungen harrt, mit seinem großen, mächtigen, treuen Gott.

Vielschichtige Begegnung also, denn Großes hat sich erfüllt, dieses Große bahnt sich seinen Weg. Wieder wird Maria in besonderer Weise gegrüßt als die Mutter des Herrn und hochgepriesen. Dennoch steht nicht sie, die Verwandte, in der Mitte, sondern die Frucht ihres Leibes, das Kind, das den Vorläufer im Schoß Elisabets hüpfen lässt. Demütig preist Maria dann die Größe Gottes, der Großes und Machtvolles an seinem Volk tut.

Diese Begegnungen richten auch unseren Blick auf den verborgenen Heiland, der anfängt, Menschen zu bewegen. Doch warum eilt Maria in das Bergland? Wir wissen nicht, was sie dort tut. Kein Wörtchen, dass sie Elisabet irgendwie zur Hand gehen möchte. Sie bleibt auch nicht bis zur Niederkunft Elisabets. Es scheint keine Arbeitsbegegnung und keine Nachbarschaftshilfe zu sein.

Aufgebrochen war sie in jenen Tagen, nachdem der Engel Gabriel ihr die Botschaft gebracht und hinweisend gesagt hatte: »*Siehe, auch deine Verwandte Elisabet hat noch in ihrem Alter einen Sohn empfangen. Obwohl sie als unfruchtbar galt, ist sie jetzt schon im sechsten Monat. Denn bei Gott ist kein Ding unmöglich.*« Nun eilt sie zur Verwandten. Und die Begegnung ist ganz erfüllt vom *Lobpreis Gottes*, der so lebenserfüllend und hoffnungsvoll das Unmögliche getan hat. Ist es nicht das Unmögliche, das Gott tut, das Maria auf den Weg treibt und eilen lässt? Schauen, was Gott Großes getan hat, und ihn preisen. Beide Mütter werden staunend und lobend Zeugen, dass der kommende Herr den Vorläufer erfreut. Das Heil ist nahe.

Mit der Stimme der Sehnsucht eines Volkes, einer Welt, die nach dem Erlöser und Herrn ruft, und im Glauben, dass er kommt, singt das Lied sein »Kyrie eleison«. Den Klang der Freude über das noch so zarte, nahende Heil nimmt das Lied auf: »Jesus und Maria«.

Die ganzheitliche Gestaltung

Diese beiden Elemente der Begegnung: die *Sehnsucht* der Welt nach dem Erlöser und den *zarten Klang der Freude* möchten wir in dem Gottesdienst ganzheitlich aufscheinen lassen und so dem Fest der Geburt Jesu entgegengehen.

Wir schauen »*adventlich*« auf unsere Wege, das heißt, wir nehmen auch das Dunkle, die Verbauungen und Hindernisse in den Blick, gestalten einen solchen Weg, sonst müssten wir uns wundern, dass der Herr nie »ankommt«, weil wir auch den Grund nicht sahen, uns zu verändern.

Im KYRIE rufen wir nach Erlösung. Wenn eine Krippenlandschaft langsam im Advent wächst, könnte jetzt in dieser Landschaft der *Weg* betont werden, andernfalls müsste man etwa vor dem Altar auf Tischen, also erhöht und sichtbar, einen entsprechenden Weg eigens gestalten.

DIE HEILSVERKÜNDIGUNG wird durch die Erfahrung einer guten Begegnung vorbereitet. *Begegnung im offenen Haus*: Ich warte offen auf jemand. Das Dasein und Erwarten bedarf einer Verinnerung beim Kind, an der auch die Gemeinde teilnehmen soll. Wird in der Unruhe des Advent jetzt bei uns ein Raum stillen Erwartens weit für ein Wort, für die Frohe Botschaft, für den Herrn selbst?

Die folgende *zarte Anrührung mit der Rose* weckt die gute, behutsame Zuwendung, lässt das Gesicht strahlen, schenkt Freude. Durch diesen Umgang, durch die personale Begegnung wird die Rose symbolisch und für den späteren Bezug im Lied vorbereitet.

Die AUSLEGUNG bringt die Anrührung mit der Rose und die zarte, verborgene Gegenwart Jesu noch ins Wort. Zunächst müssen wir nicht handeln, irgendetwas tun, sondern wir dürfen uns freuen. Innen sollte die Begegnung auch uns bewegen. Die Freude, dass Gott da ist und so Großes tut, die Freude, dass er am Werk ist und Leben schenkt, das wird die Haltung sein, in der wir ihn als Licht und Heil in die Welt tragen können.

Die FÜRBITTEN erbitten das neue Leben, lassen es aufblühen und den kommenden Jesus aufleuchten.

Verborgen schenkt sich der Herr in der Eucharistie, wir werden still, staunen und danken ihm, dass er Großes auch an uns tut.

Am Ende des Gottesdienstes kann ein LATERNENTANZ mit Laternen, die wie leuchtende Rosen gestaltet sind, die Botschaft nochmals aufleuchten lassen: »Seht, die gute Zeit ist nah, Gott kommt auf die Erde.«

Vorzubereiten

- ❐ die Landschaft zur Krippe ist teilweise aufgebaut, im Laufe des Advent verändert sie sich. Heute soll der Weg in den Blick rücken. Oder ein Tisch wird eigens für den Weg aufgebaut.
- ❐ 2 braune Tücher (Berge), 4–5 dicke Steine, Dornzweige
- ❐ Evangeliar und Kerze
- ❐ eine große Rose und 4 weitere Rosen für die Fürbitten
- ❐ Laternen wie Rosen (z.B. Windschutzhüllen mit rotem Transparentpapier umklebt, mit ausgeschnittenen Spitzen)
- ❐ Texte: Kyrie, Fürbitten

Eingang Wir sagen euch an den lieben Advent (GL 115)

Begrüßung

P. Im Namen des Vaters ...
Der Herr sei mit euch.
Ist das nicht ein schöner Gruß, liebe Kinder, liebe Gemeinde, ein frommer Wunsch: Jesus, der Herr, sei mit euch?
Das ist ein adventlicher Gruß. Warum gehen wir durch den Advent, feiern diese Zeit? Damit Jesus kommt und bei uns ist, in unserem Herzen, in unserem Haus, in dieser Welt. Noch sind wir nicht am Ziel, sondern unterwegs auf dem Weg nach Betlehem. In unserer Landschaft sehen wir den Weg.
Was ist schon ein Weg? Wie viele Wege gehen wir jeden Tag? Die Eltern denken daran, was sie bis Weihnachten noch alles erledigen müssen? Wie viele Schritte, wie viele Wege? Zu welchen Feiern müssen wir die Kinder noch fahren?
Nicht alle Wege sind leicht.
Darüber wollen wir uns vor Jesus besinnen, der kommen will.

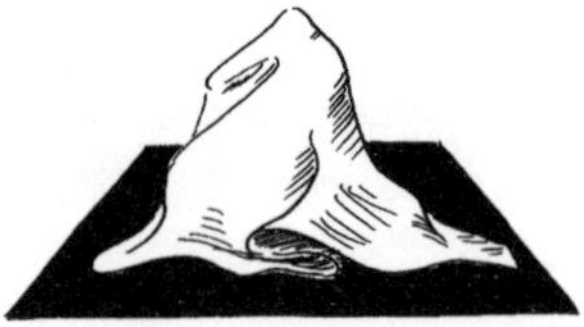

Kyrie – Zeichen

❍ *Ein Berg (1 oder 2 braune Tücher) wird auf den Weg in der Krippenlandschaft oder auf einem Tisch gestellt.*

1. Manchmal stehen wir vor einer Aufgabe wie vor einem Berg.
Wie soll ich das nur schaffen?
Angst und Kleinmut lähmen uns.
Manchmal stehen Berge zwischen uns, wir finden nicht zueinander. Wir wollen einander nicht verstehen.
Jeder denkt nur an sich.

Ruf Kyrie eleison.

❍ *3 größere Steine werden auf den Weg gelegt.*

2. Dicke Steine liegen auf dem Weg, Stolpersteine.
Wir werfen einander Steine in den Weg.
Vorwürfe wie Steine:
»Du bist Schuld! Du hast angefangen!«
Wir können nicht vergeben.
Wir machen einander das Leben schwer.

Ruf Christe eleison.

❍ *Mehrere kräftige Dornzweige werden auf den Weg gelegt.*

3. Dornen sind auf dem Weg.
Dornen verletzen.
Spitze Worte, gemeine Bemerkungen, Sticheleien,
Spott, sie verletzen andere.
Dann können wir uns nicht mehr gut begegnen.
Der Weg ist zu Ende.

Ruf Kyrie eleison.

Tagesgebet

Lied O Heiland, reiß die Himmel auf (GL 105, 1–3)

Erfahrung Die gute Begegnung

- *Ein Kind tritt vor den Altar bzw. vor die Kinder. P. führt es ein wenig mit Worten, dass es seine Haltung verinnert – und auch die Gemeinde ihre Haltung. Er zeigt ihm zuerst die Haltung: mit offenen Händen dastehen.*

P. Du darfst deine Augen zufallen lassen. Du träumst von einem hellen Haus. Du möchtest ein Fest feiern. Andere Kinder werden kommen. Alles ist bereitet. Du öffnest deine Hände wie eine Tür und wartest. Wer wird kommen? Du musst still warten.

- *P. tritt still vor das Kind und legt sacht seine Hände in die offenen Hände des Kindes.*
- *Bei einer Wiederholung könnte dieses Kind dem folgenden ebenso seine Hände sacht in dessen Hände legen.*

Erfahrung Eine Rose rührt mich an

- *Bei einem dritten Mal wird ein wartendes Kind mit einer Rose angerührt.*

P. Ich möchte dir diese Rose zeigen,
aber auf eine besondere Art.
Du stehst da auf deinen Füßen,
kannst die Augen zufallen lassen.
Du träumst von der Sonne, vom
warmen Licht und von schönen
Blumen.

- *P. rührt das Kind an der Hand oder an der Wange zart mit der Rose an. Die Erfahrung sollten zwei oder drei Kinder machen dürfen.*
- *Die Rose wird anschließend auf den Altar gestellt.*

Evangelium Lk 1,39–47

❍ *Die Evangeliumskerze wird entzündet und zur Verkündigung getragen. Danach wird sie zur Rose gestellt.*

Nach einigen Tagen machte sich Maria auf den Weg und eilte in eine Stadt im Bergland von Judäa.
Sie ging in das Haus des Zacharias und begrüßte Elisabet.
Als Elisabet den Gruß Marias hörte, hüpfte das Kind in ihrem Leib.
Da wurde Elisabet vom Heiligen Geist erfüllt
und rief mit lauter Stimme:
Gesegnet bist du mehr als alle anderen Frauen,
und gesegnet ist die Frucht deines Leibes.
Wer bin ich, dass die Mutter meines Herrn zu mir kommt?
In dem Augenblick, als ich deinen Gruß hörte,
hüpfte das Kind vor Freude in meinem Leib.
Selig ist die, die geglaubt hat, dass sich erfüllt, was der Herr ihr sagen ließ.
Da sagte Maria: Meine Seele preist die Größe des Herrn,
und mein Geist jubelt über Gott, meinen Retter.

Auslegung Habt ihr die Namen noch in Erinnerung? Zwei Mütter begegnen sich. Wie heißen Sie? Maria und Elisabet.
Sie wohnen nicht in derselben Straße, nicht einmal im selben Dorf. Maria wohnt in Nazaret, Elisabet im Bergland von Judäa. Der Weg ist wohl kein Katzensprung, er ist mühsam und beschwerlich, steinig und dornenreich.
Geht Maria allein den Weg? Sie geht allein, niemand geht mit. Nein, sie geht nicht allein, denn sie trägt jemand mit, sie trägt das Jesuskind in ihrem Leib. Ganz verborgen, niemand weiß davon, es ist noch ein großes, schönes Geheimnis.
Sie eilt zu Elisabet. Warum eilt sie? Warum muss sie schnell dorthin?
Ich denke mir, weil der Engel Gabriel zu Maria gesagt hat: Auch Elisabet hat ein Kind empfangen, sie hatte es nicht mehr zu hoffen gewagt. Gott hat an ihr das Unmögliche wahr gemacht, er hat etwas Großes getan.

Wenn Gott etwas Großes tut, dann muss Maria dorthin, sie will staunen, sich mitfreuen und Gott loben. Da ist kein Weg zu weit, kein Weg zu mühsam. Über Stock und Stein und Dornen eilt sie zu Elisabet.
Und dann geschieht etwas Wunderbares. Gott öffnet der Elisabet die Augen. Sie erkennt Maria, sie erkennt, dass sie verborgen das Jesuskind trägt, den Heiland, den Herrn.
Da beginnt sie laut zu rufen: Gepriesen bist du, Maria, unter allen Frauen, und gepriesen und gesegnet ist das Kind, das du trägst.
Doch es kommt die Zeit, da geht Maria wieder zurück. Sie wandert vom Bergland wieder hinunter nach Nazaret, geht über Stock und Stein und durch den dürren Wald.
So erzählt ein altes Lied. »Maria durch den Dornwald ging, der hatte sieben Jahr' kein Laub getragen.« Doch »als sie durch den Dornwald ging, da haben die Dornen Rosen getragen«.

❍ *P. trägt die Rose und legt sie zu den Dornzweigen auf den Weg.*

Die vertrockneten Dornen, die haben Rosen getragen? Wie kommt denn das? So fragen wir ...
Weil Maria das Jesuskind trägt, das Licht der Welt.

❍ *P. nimmt die Kerze und stellt sie zur Rose.*

Maria trägt das Jesuskind, sie trägt den,
der allem Leben gibt, der neues Leben schenkt,
der das Verdorrte zum Leben erweckt,
der das Verhärtete zart anrührt und aufblühen lässt,
der heilt, was verwundet ist,
Jesus, unseren Heiland und Erlöser.

Fürbitten

❍ *Zu jeder Bitte werden eine Rose und ein Licht auf den Weg gestellt.*

Lied als KV — Tragt in die Welt nun ein Licht, sagt allen: Fürchtet euch nicht. Gott hat euch lieb, groß und klein. Seht auf des Lichtes Schein.

P.	Jesus kommt, er wird schon von Maria in die Welt getragen. Wohin er kommt, da beginnt neues Leben.
1. Kind	Maria, du trägst Jesus, den Heiland, in die Welt. Bitte für uns, dass wir ihn zu den Kranken tragen. Jesus, heile unsere Kranken.
Ruf	Tragt zu den Kranken ein Licht, sagt allen ...
2. Kind	Maria, du trägst Jesus, das Licht, in die Welt. Bitte für uns, dass wir ihn zu den Traurigen tragen. Jesus, mach die Traurigen froh.
Ruf	Tragt zu den Traurigen ein Licht, sagt allen ...
3. Kind	Maria, du trägst Jesus, den Erlöser, in die Welt. Bitte für uns, dass wir uns versöhnen und nichts mehr nachtragen. Jesus, gib uns ein neues Herz.
Ruf	Tragt in die Familien ein Licht, sagt allen ...
4. Eltern	Maria, du trägst Jesus, das kleine Kind, in deinem Leib. Bitte für alle Mütter, die ein Kind erwarten, dass sie es mit Freude und Liebe annehmen. Jesus, sei du der Bruder aller Kinder.
Ruf	Tragt zu den Kindern ein Licht, sagt allen ...
P.	Jesus, du bist das Leben und Licht der Menschen. Wir danken dir, dass du kommen willst. Hilf uns, dass du in der Mitte des Weihnachtsfestes bist. Denn du allein bist unser Leben und unsere Freude. Amen.

Gabenbereitung

Kündet allen in der Not (GL 106, 3–5)

Sanctus

Vor der Kommunion

Bereitet den Weg

(siehe 3. Bereitet dem Herrn den Weg – Einzug)

Dank Seht, die gute Zeit ist nah

(Herkunft unbekannt)

Tanzform

Alle stehen im Kreis um den Altar, einander zugewendet.

Seht, die gute Zeit ist nah,	Langsam die Lichter bis über Augenhöhe erheben
Gott kommt auf die Erde,	Lichter wieder senken.
kommt und ist für alle da,	Sich drehen, Licht in Augenhöhe halten und weithin zeigen.
kommt, dass Friede werde,	Zwei Schritte zur Mitte, gleichzeitig die Lichter zur Mitte hoch erheben wie zu einem Licht.
kommt, dass Friede werde.	Zwei Schritte zurück, Lichter bis Armhöhe absenken und zur Mitte halten

Schluss Es kommt ein Schiff geladen (GL 114)

ÖSTERLICHE BUSSZEIT

Manche können sich noch erinnern, dass die »*Fastenzeit*« einen neuen Namen bekam: »*Österliche Bußzeit*«. Wohl 30 Jahre ist es her, dennoch hat sich der Name nicht durchgesetzt. Fastenzeit spricht sich schneller und trifft vermutlich auch besser die überlieferten Vorstellungen der Christen. Die Sonntage der Österlichen Bußzeit heißen weiterhin einfach: 1. Fastensonntag, 2. Fastensonntag. Das Evangelium des 1. Sonntags der Österlichen Bußzeit lässt uns auch zuerst auf das Fasten schauen, nämlich auf das *Fasten Jesu* 40 Tage in der Wüste. So ist das Fasten sicherlich sehr wichtig in dieser Zeit, dennoch ist es nur eine Seite, denn das Fasten Jesu hatte ein Ziel, es bereitete die Versuchung und die tiefe Entscheidung für den Vater vor.

Die Vielfalt der Fastenzeit

»*Österliche Bußzeit*« ist ein offeneres Wort als Fastenzeit, um ein *reiches Spektrum dieser Zeit* wahrzunehmen: Zeit der Besinnung, Zeit der Wahrheit, Zeit, Fehler und Schuld bewusst aufzuarbeiten, Zeit der Umkehr, Zeit der Erneuerung, vor allem aber Zeit, um sich auf Ostern vorzubereiten, Zeit, das neue Leben mit Gott zu bereiten. 40 Tage – nach dem Maß des Fastens Jesu, die Sonntage nicht mitgezählt, das ist eine lange Zeit, sodass die einen sich freuen, dass noch Zeit ist, bis es richtig losgehen kann, während die anderen den ersten Schwung vom Aschermittwoch schon wieder verloren haben.

Diese Zeit hat längst ihre Kraft eingebüßt, unser Leben zu gestalten, selbst wenn das Aschenkreuz am Beginn dieser Zeit vielerorts noch viele Menschen zum Gottesdienst zusammenführt. Diese Zeit wird sehr unterschiedlich aufgefasst: Fastenzeit als Erholung vom Fasching, als willkommene Frühjahrskur zur Entschlackung, schon als Osterzeit mit Hasen und Ostereiern, als stiller Ansporn: »man müsste eigentlich mal wieder …«, als begrenzte, intensive Zeit, sich auf Gott einzulassen, Exerzitien im Alltag. Die Spannbreite ist weit.

Fasten – Frohe Botschaft?

Der liturgische Klang von Wahrhaftigkeit, Sünde, Umkehr und neuem Leben mit Gott ist weit weg. Gott selbst ist so weit weg. Erkennen wir in den Worten der Fastenzeit eine »Frohe Botschaft«? Freut es uns, zu hören: *Tut Buße! Kehrt um!* Sucht das neue Leben bei Gott. Ist das ein Fasten wie ich es liebe, wenn ihr traurige Gesichter macht? Gebt den Hungrigen das Brot, bekleidet die Nackten, sucht den Frieden, und eure »*Heilung*« wird schnell heraufkommen.

Die Fastenzeit ist nicht stimmungsvoll wie die Adventszeit. Einerseits ist sie nüchtern, karg, ernst in den liturgischen Texten, andererseits wird sie uns auf der nördlichen Halbkugel der Erde augenfällig geschenkt, denn sie fällt mit der Zeit der *wiedererwachenden Natur* zusammen. Die Tage werden länger, der Sonnenschein schon wärmer, das erste Grün regt sich, sprießt hervor, kleine Blumen machen die Welt bunter. Das Leben erwacht wieder, die Lebensfreude, fast wie neues Leben. Die Kraft des Lebens um uns lässt die eigene Sehnsucht nach Leben spüren und ist der verheißungsvolle Anknüpfungspunkt in der Liturgie für die Gemeinde, Eltern und Kinder, denn wir gehen *dem Fest des »neuen Lebens« entgegen*. Doch da ist ein Unterschied. Was draußen »naturhaft« vor sich geht, ist für uns Menschen schwere, innere Arbeit, *Anstrengung*, trägt den Namen Verzicht, Umkehr, Aufbruch, Vergebung, Versöhnung, Kreuz, Glauben, Hoffnung, Liebe.

Leben in Hingabe

Sehnsucht nach Leben kann nun gerade nicht Sehnsucht nach »Leben allein für mich« sein, denn alles *Leben ist Begegnung.* In Wahrheit erkennen wir, dass leben heißt, auch anderen Leben ermöglichen und schenken, *miteinander und füreinander* leben. Und dort erst setzt der Verzicht, das Fasten, setzen Umkehr, Kreuz, Sterben, Liebe ein. Diese erregende Spannung, dass *Leben in dieser Welt immer Hingabe ist*, das soll in einfachen Grundhaltungen und Grunderfahrungen aufleuchten. Der Weg zum »*neuen Leben in Christus*« soll greifbar werden in unserem kleinen Alltag. Dort will der Herr mitten unter uns sein.

5. Ich war durstig

Das Wort der Verkündigung Mt 25,31–40

Wenn der Menschensohn in seiner Herrlichkeit kommt und alle Engel mit ihm, dann wird er sich auf den Thron seiner Herrlichkeit setzen. Und alle Völker werden vor ihm zusammengerufen werden, und er wird sie voneinander scheiden, wie der Hirt die Schafe von den Böcken scheidet. Er wird die Schafe zu seiner Rechten versammeln, die Böcke aber zur Linken.
Dann wird der König denen auf der rechten Seite sagen: Kommt her, die ihr von meinem Vater gesegnet seid, nehmt das Reich in Besitz, das seit der Erschaffung der Welt für euch bestimmt ist. Denn ich war hungrig, und ihr habt mir zu essen gegeben; ich war durstig, und ihr habt mir zu trinken gegeben …
Dann werden ihm die Gerechten antworten: Herr, wann haben wir dich hungrig gesehen und dir zu essen gegeben, oder durstig und dir zu trinken gegeben?
Darauf wird der König ihnen antworten: Amen, ich sage euch: Was ihr für einen meiner geringsten Brüder getan habt, das habt ihr mir getan.

Wir brechen hier den Text ab. Wir wissen, dass es eine andere Seite gibt, nämlich die linke, wo jene sind, die einem seiner geringsten Brüder nicht zu essen und zu trinken gaben und darum ins ewige Feuer geworfen werden. Das Ganze vor Augen fragen wir: Ist die Botschaft frohe Botschaft? Freut sie uns? Oder macht sie uns Angst? Wird uns »himmelangst«, Angst um unseren Himmel, da wir die geringsten Brüder mit uns vertrauten Gesichtern vor uns sehen – aber ohne uns ihnen zuzuwenden? Es gibt jedoch offenbar auch Gerechte, die dem Durstigen zu trinken gaben, ohne es dem geringsten seiner Brüder zu tun. Auf den vielen Wegen unseres Lebens, bei den vielen Begegnungen haben wir auch schon einmal ein Herz und eine Hand für die Bedürftigen gehabt. Auf welcher Seite werden wir – nichts ahnend – stehen? Wir sehen, dass die Botschaft zur Unterscheidung herausfordert, zur Sichtung und Besinnung: Wo stehe ich? Wo kann ich stehen? Doch ich stelle mich nicht selbst hier oder dort hin, rechts oder links, der König wird mich rufen. Er ist der Richter.

Diese Botschaft Jesu vom Richter und Gericht anzunehmen, fällt uns nicht so leicht. Sie steht quer zu unserem Leben, wo wir oft tun können, was wir wollen, wo wir uns von niemand dreinreden lassen, wo doch alles Ansichtssache ist und die Verhältnisse so komplex sind, dass es immer auch wenigstens einen anderen Mitschuldigen gibt. Doch mehr als all das wiegt gegen den *Richter*, dass Jesus als Retter und Heiland, als Freund der Armen und Geringen gekommen ist und seine Frohe Botschaft nicht mit Druck und Angst verbreiten will.

Dann rückt plötzlich eine andere Perspektive in den Blick. *Wir tun Gutes, ohne es zu wissen; freilich auch Böses, ohne es zu wissen.* Man muss nicht Christ sein, nicht tausend Sachen glauben, sondern es kommt nur auf *das Tun* an. Wird durch diese Einsicht ein Mensch froher? Wohl kaum, denn wie oft entschuldigen wir uns genau damit, wenn wir etwas Gutes unterlassen haben, dass wir leider nichts davon gewusst hätten. Und wenn uns etwas misslingt, Ärger entsteht, sagen wir, wir hätten es doch so gut gemeint. Das zählt nun nicht mehr, es zählt nur das Tun.

Jesus verkündet uns »Frohe Botschaft«, er ist selbst unser Freude, wenn auch nicht, ohne dass das Herz zittert angesichts des Großen, das uns eröffnet wird. Sehen wir doch: In unserem Leben gibt es Gegensätzliches, Widersprüchliches, es gibt Freude und Leid, Schönes und Trauriges, Reichtum und Armut, gelingendes Leben und Scheitern, ungezählte Begegnungen. Was soll das alles? *Wir suchen die Lichtseite,* das Schöne und Runde, Reichtum und Freiheit und gehen gern der Not aus dem Weg. Sie beeinträchtigt die Lebensfreude. *Doch Jesus öffnet uns die Augen:* Genau in der Not des Geringsten, die du annimmst und stillst, bist du mir nahe. Du tust nichts Weltbewegendes, aber es schreit zum Himmel, und das Gute öffnet den Himmel. Die erschreckend geringfügigen Taten des Guten bekommen eine göttliche Dimension. Das kleine Sterben, in dem ich mich hingebe, nicht auf mich achte, Brot und Wasser teile, da ist Gott, und dieses hat vor ihm Bestand.

Welche Tiefe bekommt unser Leben, unser Alltag! Christus öffnet uns die Augen, damit wir sehen und verstehen, sehen und lieben. Die Liebe aber bleibt. *Jesus eröffnet uns seinen eigenen Weg*, wie er zu den Geringsten, zu uns gekommen ist. Um *der Diener aller* zu sein – wie es der Herr ist –, muss man nicht die ganze Kirche tragen, Gesellschaftspolitik im ersten Glied gestalten, sondern offenbar z.B. »*nur*« treu die Last der Erziehung aushalten, den sterbenskranken Vater betreuen, einer Einsamen zuhören, die Hungerkatastrophe in einem Land wahrnehmen und handeln, kurz den Schluck Wasser geben, der jemand hier und heute leben lässt.

Die ganzheitliche Gestaltung

Welchen Aspekt können wir nun in einer *ganzheitlichen* Gestaltung des Gottesdienstes aufgreifen und entfalten? Es soll etwas *anschaulich* werden, gleichsam *außen*, das uns dann nach *innen* führt, uns in der Mitte versammelt, damit Gottes Wort und die Feier der Hingabe Jesu in uns und in der Gemeinde Raum bekommen und uns verwandeln können.

In der VERSAMMLUNG beginnen wir die Erde wahrzunehmen, *außen*, fast äußerlich; wir *verinnern* unseren Ort, dass wir getragen werden; wir nehmen die Sehnsucht der Erde auf, die trocken ist und auf Wasser wartet: »Ich habe Durst.« Wir geben aber auch Wasser, schenken es ein. Wir sehen *Sehnsucht und Gabe.* So stehen wir vor Gott im KYRIE-RUF.

Die FROHE BOTSCHAFT, dem Durstigen zu geben, bereiten wir vor, indem wir *die Freude am guten, lebendigen Wasser wahrnehmen,* nicht die zerstörerische Gewalt, die würde am Evangelium vorbeiführen. Hier treffen wir eine klare Auswahl, um »Heilsames« wahrzunehmen.

Über die für den Menschen schon erstaunliche Weite und Kostbarkeit des Wassers hinaus gibt uns Jesus noch einen tieferen Blick, den er uns verkündet. Das Wasser *verschenken verbindet uns mit dem Nächsten*, dem geringsten Bruder, und mit Christus. In dem kleinen Dienst leuchtet *Vollendung*, himmlische Freude auf.

Die FÜRBITTEN sind kleine Gaben Wasser, nichts Weltbewegendes, aber uns und Gott bewegen sie.

Zum GABENGANG nimmt der Priester das erste Glas Wasser, in das mehrere Kinder schon zum Kyrie Wasser gegossen hatten, und hält es zum Gebet der Selbsthingabe empor, unsere Gabe und unsere Sehnsucht.

Mit Christus in der Kommunion vereinigt, kann ein Text die Gemeinde in die SENDUNG führen. Wie Wasser lass uns zur Gabe, zum Segen in vielschichtigen Begegnungen werden.

Die Liturgie

Vorzubereiten

- ❐ der Altar ist mit braunen Tüchern gedeckt
- ❐ leeres Glas, Krug mit Wasser (Kyrie)
- ❐ große Kerze, Evangeliar
- ❐ 6 Gläser, entsprechend 1 oder 2 Krüge mit Wasser (Fürbitten)
- ❐ Texte: Kyrie, Fürbitten, Besinnung nach der Kommunion

Eingang Herr, gib uns Mut zum Hören (GL 521, 1–2)

Begrüßung

P. Im Namen des Vaters ...
Liebe Kinder, Eltern und Gemeinde,
ihr seid aufgestanden vom Frühstück, das hoffentlich am Sonntag besonders schön ist. Irgendwann geht es dann zur Kirche, sonst wären wir jetzt nicht versammelt.
Und draußen am Weg, als ihr hierher kamt, war es da auch so schön? Der Frühling will noch nicht kommen. Die Erde in den Gärten ist noch braun, die Bäume und Sträucher stehen kahl.
Wenn ihr nach vorn schaut auf unseren Altar, dann wird es euch nicht schwer fallen, an die braune Erde zu denken, wie es jetzt draußen aussieht.
Still liegt sie da.

Sie trägt uns. Stellen wir uns einmal gut auf den Boden, mit beiden Füßen, frei ... Die Erde ist still und trägt uns ...

❍ *Alle setzen sich jetzt.*

Wenn wir auf das braune Land schauen, merken wir sofort, dass dort etwas fehlt ... Wir sehen kein Grün, kein Gras, keine bunte Blume, keinen fröhlich fließenden Bach
Das Land ist trocken.
Vielleicht ist das Land so:

❍ *Gestik der Hände: flach ausgestreckt, Finger gespreizt.*

Hart und trocken, gerissen vor Trockenheit.
Vielleicht ist das Land auch so:

❍ *Gestik der Hände: Handfläche nach oben, wartend, offen.*

Wir halten alle unser Hände so. Wie ist es? Offen, es wartet. Worauf? Auf Wasser, auf Regen, auf die Saat ...

❍ *Ein leeres Glas und ein Krug Wasser werden nach vorne getragen.*

Da steht ein Glas, ein leeres Glas.
Nacheinander können Kinder
etwas Wasser hineinfüllen.

❍ *Nacheinander füllen Kinder das Glas mit Wasser.*

Überleitung

P. Wir sehen das trockene Land, ihm fehlt das Wasser. Dort wächst und blüht nichts. In wie vielen Ländern Afrikas ... sieht es so aus! Die Bäche sind trocken, die Brunnen ausgetrocknet. Menschen und Tiere verdursten.
Und wir? – Wir haben Wasser.
Das macht uns dankbar, aber auch nachdenklich.
Wir hören denen zu, die uns etwas zu sagen haben.

Kyrie

1. Kind	Das Land ist trocken und ohne Leben. Manchmal ist es auch bei uns so: Alle Kraft ist weg. Wir sind erschöpft, lassen den Kopf hängen wie eine verdorrte Blume. Wir geben auf. Guter Gott, du schenkst uns das Wasser. Es erfrischt uns, macht uns lebendig, gibt uns neue Kraft.
Ruf	Herr, erbarme dich.
2. Eltern	Wir möchten leben. Ein gutes Wort macht uns Mut, ein guter Blick macht uns froh, Menschen, die bei uns sind, helfen uns zum Leben. Guter Gott, manchmal ist unser Blick stumpf, das Herz wie harter Boden, aus unserem Mund kommt kein gutes Wort. Da geht die Freude aus unseren Familien fort.
Ruf	Christus, erbarme dich.
3. Kind	Viele haben etwas in das Glas eingeschenkt. Wir können einander Wasser geben, wir geben vom Überfluss. Guter Gott, doch oft wollen wir alles nur für uns. Es ist schwer, miteinander zu teilen, es ist schwer, an andere zu denken. Wir verschwenden das tägliche Wasser.
Ruf	Herr, erbarme dich.

Gebet

P.	Guter und treuer Gott, du schenkst uns die vierzig Tage der Buße und Umkehr, damit unsere Sehnsucht nach dir und dem Leben wächst. Höre das Schreien der Durstigen nach Wasser und Leben. Gib uns ein waches und dankbares Herz für deine Gabe, das tägliche Wasser. Lass es uns zum Segen werden. Durch Christus, unsern Herrn.

Überleitung

P. Im trockenen Land steht ein Glas Wasser.
Wasser sehen wir an vielen Orten.

❍ *Im Folgenden können verschiedene Vorstellungen mit der Gestik und eventuell mit einem Glockenspiel unterstützen werden. Die Kinder spielen mit.*

Es regnet vom Himmel.
Da fließt ein lustiges Bächlein durch die Wiese. Die Wiese wird grün, das Gras sprießt, die Blumen blühen auf.
Das Wasser steht still in einem See (die Hände still vor sich halten). Manchmal kräuseln sich die Wellen (mit den Fingern spielen). Dann beruhigt sich der Wind wieder. Es wird still. Im Wasser schwimmen viele Fische.
Wir gehen bis ans Meer, wo die Wellen rauschen und spritzen, kommen und gehen. Das Meer trägt große Schiffe.
Ganz selten liegt das Meer auch still in der Abendsonne.
Dann spiegelt sich die Sonne im Wasser wie reines Gold.
Ja, was ist es mit dem Wasser? Wir hören, was das Wasser alles kann und tut. Was können wir bei ihm lernen?

Wasser lehrt das rechte Leben

(Johannes Thiele, in: Misereor Arbeitshilfen 2001)

Einen Weisen im alten China fragten einmal seine Schüler: »Du stehst nun schon so lange an diesem Fluss und schaust ins Wasser. Was siehst du denn da?
Der Weise gab keine Antwort. Er wandte den Blick nicht ab von dem unablässig strömenden Wasser. Endlich sprach er: Das Wasser lehrt uns, wie wir leben sollen.
Wohin es fließt, bringt es Leben und teilt sich aus an alle, die seiner bedürfen. Es ist gütig und freigebig.
Die Unebenheiten des Geländes versteht es auszugleichen.
Es ist gerecht.

Ohne zu zögern in seinem Lauf, stürzt es sich über Steilwände in die Tiefe. Es ist mutig.
Seine Oberfläche ist glatt und ebenmäßig, aber es kann verborgene Tiefen bilden. Es ist weise.
Felsen, die ihm im Lauf entgegenstehen, umfließt es.
Es ist verträglich.
Aber seine sanfte Kraft ist Tag und Nacht am Werk, das Hindernis zu beseitigen. Es ist ausdauernd.
Wie viele Windungen es auch auf sich nehmen muss, niemals verliert es sein Ziel aus dem Auge, das Meer.
Es ist zielbewusst.
Und sooft es auch verunreinigt wird, bemüht es sich doch unablässig, wieder rein zu werden. Es hat die Kraft, sich immer wieder zu erneuern.
Das alles, sagte der Weise, ist es, warum ich auf das Wasser schaue. Es lehrt mich das rechte Leben.

Lied Sag mir, was es ist

T. u. M.: Franz Mitterreiter

2. Ei - nen, der uns na - he ist, das ist
Je - sus, un - ser Herr.
3. Un - ser Herz, das of - fen ist für dich,
Je - sus, un - sern Herrn.
4. Brot, das un - sern Hun - ger stillt, das ist
Je - sus, Le - bens - brot.
5. Was - ser, das den Durst uns stillt, das ist
Je - sus, Quell des Heils.
6. Woh - nung, die uns schützt und birgt, das ist
Je - sus, Licht der Welt.
7. Je - sus, der mit uns al - les teilt, auch das
Leid, die Not, den Tod.

Evangelium Mt 25,35.37.40

P. Wir haben so viel vom Wasser gehört, was es uns lehrt: es ist mutig, weise, verträglich, gerecht, ausdauernd, zielbewusst. Nun lasst uns auf das Wasser schauen im Licht Jesu.

❍ *Jesuskerze wird entzündet; Prozession mit dem Evangeliar.*

Wenn ich als König in meiner Herrlichkeit kommen werde und alle Engel mit mir, dann werde ich mich auf den Thron meiner Herrlichkeit setzen und die Völker richten, sie trennen nach links oder rechts.
Zu denen auf der rechten Seite werde ich sagen: Kommt ihr Gesegneten meines Vaters und nehmt das Himmelreich in Besitz.
Denn ich war durstig, und ihr habt mir zu trinken gegeben.
Da werden sich die Gerechten wundern: Herr, wann haben wir dich durstig gesehen und dir zu trinken gegeben?
Darauf werde ich antworten: Amen, ich sage euch: Was ihr für einen meiner geringsten Brüder getan habt, das habt ihr mir getan.

Gedanken zur Auslegung

Jesus öffnet uns die Augen.
Seht ihr, wie kostbar das Wasser ist?
Was ist das Wasser wert?
Was ist dieses Glas Wasser wert, das die Kinder eingeschenkt haben?
Es ist mehr wert als Gold und Silber, es ist den Himmel wert.
Wenn wir den Durst der Menschen sehen, den Durst vieler Kinder in Afrika, die kein Wasser haben, keinen Brunnen vor der Hütte, kein sauberes Wasser, die zwei Stunden mit einem Eimer laufen, um Wasser zu finden,
wenn wir diesen Durst sehen und dem Durstigen ein Glas Wasser geben,
dann öffnet sich der Himmel.
Das Wasser hat etwas mit dem Himmel zu tun, wenn wir es verschenken. Nur ein Glas Wasser für den Durstigen, den geringsten Menschen um uns, und du bist Gott ganz nah.

Sollen wir jetzt warten, bis wir nach Afrika kommen? Oder können wir mit dem Teilen schon zu Hause anfangen und einander geben, was wir brauchen, und wenn es nur ein Schluck Wasser ist?

Fürbitten

❍ *6 leere Gläser werden nacheinander zu den Bitten nach vorn in das trockene Land (auf den Altar) getragen.*
Dort wird aus einem Krug (oder später aus einem zweiten Krug) Wasser in die Gläser gegossen, dann die Fürbitte gebetet.
Alle, Träger und Vorbeter, versammeln sich zuerst bei den leeren Gläsern, stehen bereit, damit auch das paarweise Vorgehen ein Stück Liturgie wird.

P. Guter Gott, du schenkst uns das Wasser.
Es stillt unseren Durst, es schenkt uns Leben.
Wenn wir es teilen, sind wir dir nahe
und der Himmel öffnet sich.

1. Kind Guter Vater, wir bitten dich um klares, sauberes Wasser für alle, die durstig sind.
Gib uns, dass wir dankbar werden für das tägliche Wasser.

2. Kind Gib den Menschen in den trockenen Ländern Mut und neue Ideen, um das Wasser und den Boden zu schützen.
Mit unseren Kräften wollen wir helfen.

3. Kind Guter Gott, lass uns mit unserem Wasser achtsam und gut umgehen,
damit wir noch lange ohne Sorgen trinken können.

4. Kind Guter Gott, du kennst unseren Durst.
Wir haben Durst nach guten Menschen,
nach Menschen, die uns gern haben,
nach Vater und Mutter und Freunden.
Segne unsere Familien, dass wir einander Liebe schenken.

5. Kind Guter Gott, du kennst unseren Durst.
Wir haben Durst nach Leben und Gesundheit.
Schenke unseren Kranken Gesundheit.

6. Kind Guter Gott, mach uns durstig nach dir.
Schenke allen Menschen den Glauben,
das Wasser des Lebens.

Gabenbereitung

Ins Wasser fällt ein Stein (in: Troubadour, 7)

❍ *Anschließend nimmt P. das erste Glas Wasser vom Kyrie und spricht ein Hingabegebet, z.B.:*

P. Herr, im Geiste der Demut und der Buße kommen wir mit diesem Wasser.
Darin ist unser Durst nach Leben,
darin ist unser guter Wille, anderen zu helfen,
darin ist unsere Not, weil wir immer wieder versagen.
Nimm du unser Leben und lass es dir gefallen.

Sanctus

Dank Herr, ich will sein wie Wasser,
das überall Leben bringt und Leben erhält.
Herr, ich will sein wie Wasser,
das reinigt und neue Hoffnung schenkt.
Herr, ich will sein wie Wasser,
das den Menschen und allen Lebewesen dient.
Herr, ich will sein wie Wasser,
das Menschen zusammenführt und Gemeinschaft stiftet.
Herr, ich will sein wie Wasser,
das trägt und Lasten befördert zum Wohl der Menschen.
Herr, ich will sein wie Wasser,
das den Menschen zu einem guten Leben verhilft.

Auszug Alle meine Quellen entspringen in dir
(Sr. L. Heinzl, in: Er lebt! München 1991, 105)

6. Jesus leuchtet und wird verklärt

Das Wort der Verkündigung Mk 9,2–8

Die Erzählung von der Verklärung des Herrn hören wir zweimal im Kirchenjahr: am Fest der Verklärung selbst, 6. August, und am 2. Fastensonntag, also sehr zu Beginn der österlichen Bußzeit.

> Jesus nahm Petrus, Jakobus und Johannes beiseite und führte sie auf einen hohen Berg, aber nur sie allein. Und er wurde vor ihren Augen verwandelt; seine Kleider wurden strahlend weiß, so weiß, wie sie auf Erden kein Bleicher machen kann. Da erschien vor ihren Augen Elija und mit ihm Mose, und sie redeten mit Jesus. Petrus sagte zu Jesus: Rabbi, es ist gut, dass wir hier sind. Wir wollen drei Hütten bauen, eine für dich, eine für Mose und eine für Elija. Er wusste nämlich nicht, was er sagen sollte; denn sie waren vor Furcht ganz benommen. Da kam eine Wolke und warf ihren Schatten auf sie, und aus der Wolke rief eine Stimme: Das ist mein geliebter Sohn; auf ihn sollt ihr hören. Als sie dann um sich blickten, sahen sie auf einmal niemand mehr bei sich außer Jesus.

Von einer außergewöhnlichen Begegnung Jesu mit Gott wird uns erzählt, zu der er nur drei Jünger mitnimmt, »nur sie allein«, jene, die später mit ihm in den dunklen Ölberggarten gehen werden. Können wir dann mitgehen? Können wir etwas schauen? Wird uns Verklärung zuteil? Warum sollen wir am Anfang der Fastenzeit dorthin schauen statt auf unsere schweren, erlösungsbedürftigen Lebenswege? Dennoch, gehen wir einige Schritte mit! Welche Botschaft wird uns gegeben?

Jesus geht auf einen hohen Berg. Bei Lukas heißt es: »um zu beten«. Es ist Jesu Gewohnheit, abseits zu gehen, auf einen Berg, in die Stille, um zu beten, sei es die ganze Nacht hindurch, sei es in aller Frühe. Selbst wenn alle ihn suchen, kann er das tun. Er hat Zeit, um mit Gott, dem

Vater, allein zu sein, ohne zu wirken, zu heilen oder zu den Scharen zu reden. Jetzt sind die Freunde dabei. Vielleicht ist dieses Alleinsein Jesu mit dem Vater auch für sie und uns wichtig.

Für einen Moment dürfen sie etwas schauen: Jesus im strahlenden Licht, nicht in furchtbarem Blitz und unter Angst erregendem Donner. Sein Gewand wird herrlich weiß und leuchtet wie ein Mensch einen Stoff nicht weißer machen, wovon ein Bleicher nur träumen kann. Kostbares Leuchten also, nicht fremd, bedrängend, die Augen verletzend, sondern wie erfüllte Sehnsucht nach Klarheit, Reinheit, Licht.

Wer leuchtet da verwandelt auf? Jesus, so menschlich nah mit seinen Jüngern auf den Straßen Jerusalems, der mit ihnen isst und Durst hat, der so müde sein kann, dass er im Sturm noch schläft – der ist Gott so nah. Mit ihm sprechen Mose, der große Gesetzesempfänger, Freund Gottes, Führer des Volkes, und Elija, der stürmische Eiferer Jahwes, der mutlos zusammenbrach, um Gott im leisen Säuseln des Windes zu vernehmen. Zwischen ihnen steht er, *»mein geliebter Sohn, auf ihn sollt ihr hören«*.

Der Einblick in die *Herrlichkeit* Jesu, in *seine Nähe zu Gott*, lässt die Jünger von Furcht benommen sein, und doch sind sie so erfüllt, dass sie wünschen, es möge so bleiben: *»Es ist gut, dass wir da sind. Wir wollen drei Hütten bauen.«* Welche Sehnsucht sprechen sie in diesen Worten aus? Nur verweilen – ohne dass irgendetwas weiteres geschieht, ein Werk zustande kommt, etwas Nützliches herausspringt. Bei Jesus sein, der Gott so nahe ist, Gottes Sohn nahe sein, mit ihm Gott nahe sein – und alles ist erfüllt und gut.

Welches Gewicht bekommt das Wort *»Das ist mein geliebter Sohn, auf ihn sollt ihr hören«* aus dieser dichten, stillen Gegenwart Gottes? Welche Kraft bekommt das Wort Jesu? Es ist menschlich nah und kommt zugleich aus der Gemeinschaft mit Gott, seinem Vater. Einmal wird dieses Wort ungeheuerlich weggeschoben, mit Füßen getreten, gefesselt, gekreuzigt. Wird dieser herrliche Einblick jetzt zukünftig Trost sein oder liebendere, schmerzlichere Teilnahme am Weg des Meisters? Ist er Vorausblick für das Wiedererkennen an Ostern?

Wo nun stehen wir, die wir nicht wie die Jünger schauen? Da ist zunächst die Faszination, dass Jesus abseits geht, auf einen Berg, in die Stille, um mit Gott allein zu sein. Wenn wir uns ein wenig da hineinfinden, wird auch in uns, den Kindern und Erwachsenen, eine Sehnsucht angerührt. In diesem »*Verweilen*« kommt unser Leben in Ordnung, ins Maß, eben ins göttliche Maß.

Dazu hören wir von einer Fülle des Lichtes, von Glanz ohne Erschrecken. Ein Geheimnis wird offenbar, das benommen und doch selig macht: Gott ist da. Jesus ist Gottes geliebter Sohn. Werden wir in die Stille gelangen, um innerlich zu vernehmen: Gott ist da? Treten wir in das Verweilen ein, sodass es gut wird, da zu sein bei Gott?

Diese Botschaft kann zunächst für die Kinder und uns genügen. Die Aussagen und heilsgeschichtlichen Anspielungen durch Mose und Elija sollten nicht in den Vordergrund treten gegenüber der einzigartigen göttlichen Herrlichkeit, die wir staunend wahrnehmen: »*Das ist mein geliebter Sohn.*«

Das Schauen, Verweilen und die Freude an Jesus, der göttlich groß ist, stärken die Liebe, die bereit macht, mit Jesus zu gehen und sich selbst für ihn zu verändern, umzukehren, neu zu werden, Gott in das eigene Leben einzulassen.

Die ganzheitliche Gestaltung

Den Schwerpunkt in diesem Gottesdienst legen wir nicht auf die Auseinandersetzung mit der ernsten und immer neuen Frage: »Worauf höre ich?«, sondern auf die Feier des Geheimnisses der Gottheit Jesu, des geliebten Sohnes. Davon zu hören, das ist *ein Weg nach innen*. Der göttlichen Erhabenheit Jesu, seinem Glanz, entspricht die Freude, bei ihm zu verweilen. Der Zelebrant muss sich selbst von jedem Aktivismus lösen. »Gott, sprich du zu uns, sei du uns nahe!«

Die ERÖFFNUNG beginnt dort, wo wir stehen. Sie versucht schlicht, die Spannung des festlichen und kraftvollen Gesanges und die folgende Stille wahrzunehmen. Wir lassen Stille zu.

Im KYRIE nehmen wir diese »*Bewegung nach innen*« wieder auf. Ein angeschlagener, kräftiger Ton verklingt. Die werdende Stille lässt uns vor Gott die Bedeutung der Stille für uns und unsere Beziehung zu ihm bedenken und unser Versagen bekennen.

Das EVANGELIUM wird vorbereitet. Im Hören werden existentielle Bilder geweckt, die im Evangelium genannt werden: nach oben gehen, allein sein, ins Licht gehen, hell und offen werden.

Heute verkünden wir das Evangelium anders als sonst. In die gesammelte Haltung hinein wird von Jesus *frei, meditativ erzählt* und die Verklärung verkündet. Es soll ein meditativer Innenraum entstehen, der offen ist, um über die Größe und göttliche Herrlichkeit Jesu zu staunen. Es ist gut, den Eindruck nachklingen zu lassen.

Zur anschließenden PROZESSION erheben sich alle. In der Haltung verehren wir so das Wort Gottes, das bleibt und auf das wir hören sollen.

Zur WANDLUNG kann mit wenigen Worten darauf hingewiesen werden, dass jetzt Jesus machtvoll spricht.

Zum DANK und zur Sendung können den Kindern Bildchen, Christusikonen, geschenkt werden, die etwas vom göttlichen Glanz des Herrn zeigen.

Die Liturgie

Vorzubereiten

- ❐ Gong, um einem Ton lange nachzuhorchen
- ❐ Glockenspiel, wenn möglich eine Handharfe
- ❐ Evangeliar festlich vor dem Altar
- ❐ 2 Prozessionskerzen
- ❐ Andachtsbildchen Christusikone

Einzug Lobet den Herrn (GL 258, 1.2.4)

Begrüßung

P. Im Namen des Vaters ...
Liebe Gemeinde, Eltern und Kinder,
der letzte Orgelton ist verklungen.
Kraftvoll haben wir ein Lied gesungen, die Kirche mit unserem Gesang erfüllt, mit dem Lob Gottes,
nun ist es wieder still ...
Wenn es still wird, hören wir hier oder dort noch etwas ...
Wenn es noch stiller wird, spüren wir:
Ich bin jetzt hier. Ich bin da auf meinem Platz ...
Ich habe Zeit. Diese Zeit soll Gott gehören ...
Jetzt kommen drei und sagen uns etwas:
Fastenzeit – Zeit für Gott?

Kyrie ❍ *Gong (Klangschale) anschlagen und ausklingen lassen.*

1. Kind Fastenzeit – Zeit für Gott.
Wer Gottes Wort hören will, der muss still werden.

❍ *Pause*

Wie schwer fällt es uns, am Tag eine kurze Zeit,
eine Viertelstunde, eine halbe Stunde still zu sein,
ohne Fernsehen, ohne Computer, ohne Telefon,
ohne Radio – einfach still.

Ruf Herr, erbarme dich unser.

❍ *Gong (Klangschale) anschlagen und ausklingen lassen.*

2. Kind Fastenzeit – Zeit für Gott.
Wer Gott finden will, der muss staunen können.

❍ *Pause*

Sehen wir die schönen Blumen,
dass die Wiesen langsam grün werden,
dass die Bäume Knospen treiben?
Sehen wir, wenn andere uns Gutes tun, und danken dafür?

Ruf Christus, erbarme dich unser.

❍ *Gong (Klangschale) anschlagen und ausklingen lassen.*

3. Kind Fastenzeit – Zeit für Gott.
Wer etwas von Gott spüren will, der muss Zeit haben für Gott.

❍ *Pause*

Nehmen wir uns Zeit zum Beten?
Alles muss schnell gehen, alles ist wichtiger als Gott.

Ruf Herr, erbarme dich unser.

Überleitung zum Evangelium

❍ *P. spielt langsam auf dem Glockenspiel die Tonleiter aufwärts.*

P. Wir hören auf die Töne ... Wir hören noch einmal ...
Wir lassen unsere Augen zufallen und hören wieder dieselben Töne.

❍ *P. wiederholt sein Spiel.*

Können wir an einen Weg denken?
Stellen wir uns einen Weg vor.

❍ *Die langsamen Worte werden mit dem Glockenspiel oder der Handharfe begleitet.*

Wir gehen aus der Stadt hinaus, aufwärts,
wir gehen langsam auf einen Berg, der im Licht ist.
Wir gehen nach oben, dem Licht entgegen.
Wer möchte, kann auch die Augen zufallen lassen und den Weg innen schauen:
einen Weg auf einen kleinen Berg, zum Licht.
Können wir ein Licht sehen, die Sonne?
Ist es hell vor meinen Augen?
Ich gehe den Weg Schritt für Schritt,
langsam der Sonne entgegen.
Ich lasse die Häuser und Straßen unter mir.
Ich will nach oben gehen ... Was wird oben sein? ...

Wir öffnen die Augen.
Ich möchte euch von Jesus erzählen.

❍ *Alle bleiben dabei sitzen. Die Jesuskerze wird entzündet.*

Wenn Jesus durch das Land geht, dann sind immer viele Leute bei ihm, denn sie suchen ihn.
Jesus geht aber auch gern abseits,
er geht weg von den vielen Menschen.
Er geht gern auf einen Berg, er allein.
Er will still sein, er will in seinem Herzen auf Gott hören,
mit Gott, seinem Vater im Himmel, sprechen,
Gott nahe sein.
Heute geht er wieder fort,
aber er nimmt drei seiner Freunde mit,
Petrus, Johannes und Jakobus, sie allein,
mit ihnen geht er auf den Berg.

❍ *Die Jesuskerze wird auf den Altar zum Evangeliar gestellt.*

Als sie dort sind, still, allein,
da geschieht etwas Wunderbares.
Jesus wird vor ihren Augen verwandelt,
sein Aussehen und sein Gesicht verändern sich,
sein Gewand wird leuchtend weiß, strahlend weiß,
wie ein Mensch es nicht weiß und schöner machen kann.
Jesus leuchtet in einem strahlend hellen Licht.
Und dann sehen die Freunde zwei Propheten, Gottesmänner, zu Jesus kommen, Mose und Elija, die mit ihm reden.
Ja, Jesus strahlt im Licht Gottes. Gott ist nah.
Die Freunde wissen nicht, was sie sagen sollen.
Sie sind voll Staunen und Furcht: Gott ist so nah.
Da sagt Petrus: »Jesus, es ist gut, dass wir hier sind.
Wir wollen drei Hütten bauen.
Hier sollst du bleiben, hier wollen wir bei dir bleiben.«
Und während er das sagt,
kommt eine große Wolke über sie.
Und aus der Wolke hören sie die Stimme Gottes:
»Das ist mein geliebter Sohn, auf ihn sollt ihr hören.«

Und dann sind sie wieder mit Jesus allein ...
Langsam gehen sie mit ihm den Berg hinunter.
In ihrem Herzen tragen sie, was sie gesehen haben:
Jesus hat hell und strahlend geleuchtet.
Das Licht Gottes war in ihm.
Jesus ist Gottes Sohn, auf ihn sollen wir hören.

❍ *Harfe. Den Eindruck nachklingen lassen.*

Wie kostbar ist das Wort, das Jesus sagt.
Es ist Gottes Wort.
Auf Jesus und sein Wort sollen wir hören.

Prozession mit dem Evangeliar

❍ *Das Evangeliar wird von zwei Lichtern begleitet durch die Kirche getragen. Dazu stehen jetzt alle auf.*

Lied leises, zartes Orgelspiel, oder:
Komm, öffne die Augen und schaue das Licht

T. u. M.: Kathi Stimmer-Salzeder

Fürbitten

P.	Jesus, den Jüngern wurde geoffenbart, dass du der Sohn Gottes bist. Auf dein Wort sollen wir hören. Darum bitten wird dich:
1. Kind	Manche Menschen kennen nicht den Weg für ihr Leben. Sie sind traurig und ohne Freude. Jesus, komm zu ihnen, gib ihnen ein neues Licht und Hoffnung.
2. Erw.	Jesus, hilf uns, dass wir in unseren Herzen Platz für dich haben, dass wir still werden und auf dich hören. Hilf uns Eltern, die Zeit zu schätzen und mit unseren Kindern zu beten.
3. Erw.	Viele Christen vergessen dich im Alltag. Erneuere uns alle, dass wir uns freuen, zu dir zu gehören, und darum gütig und geduldig sind, wahrhaftig und treu.
4. Erw.	Wir bitten dich für unsere Erstkommunionkinder und auch die Firmlinge. Führe sie immer näher zu dir. Lass ihren Glauben wachsen und die Liebe zu dir groß werden.
5. Erw.	Wir bitten dich für alle Menschen in Not, die heute sterben. Steh ihnen bei in ihrer Angst und führe sie in dein Licht.

Gabenbereitung

Zum Altar bringen wir das Brot

(R. Krenzer / Paul G. Walter, in: R. Krenzer, Gottes guter Segen, Limburg 1994, 101)

Sanctus

Wandlung

P. Jetzt ist wieder ein heiliger Augenblick, der uns still werden lässt, damit wir mit dem Herzen hören.
Jesus sagt große Worte, *»auf die wir hören sollen«.*
Kein Mensch kann sie von sich aus sagen.
Jesus spricht über Brot und Wein und wandelt diese Gaben, damit er da ist unter uns mit Leib und Blut.

Dank

❍ *Den Kindern könnte ein kleines Andachtsbildchen »Christus-ikone« geschenkt werden. Sie können es zu Hause auf ein Papier kleben und einen bunten Rahmen malen. Oder es bekommt einen eigenen Platz neben dem Kreuz. »Jesus, sprich zu mir. Auf dich will ich hören.«*

Lied Wenn du uns leuchtest, leben wir im Licht
(R. Krenzer/D. Jöcker, Das große Liederbuch, Limburg [3]1993, 7)

Schluss Lobet den Herren (GL 671, 5–7)

7. Mit Jesus das Kreuz tragen

Das Wort der Verkündigung Mt 27,31b–32

Dann führten sie Jesus hinaus, um ihn zu kreuzigen.
Auf dem Weg trafen sie einen Mann aus Zyrene namens Simon;
ihn zwangen sie, Jesus das Kreuz zu tragen.
So kamen sie an den Ort, der Golgota genannt wird, das heißt
Schädelhöhe.

Wir sagen es leicht, aber keineswegs leichtfertig, im Gegenteil, wir drücken unsere Anteilnahme und Einsicht, ein Verstehen aus, wenn wir sagen: »*Der hat (mit diesem oder jenem) ein Kreuz zu tragen.*« Manchmal klingt es aber auch so, dass wir froh sind, es nicht selbst tragen zu müssen. Hat nicht jeder sein Kreuz zu tragen und hat damit genug?

Das Kreuz steht an so vielen Orten in unserem Land, in unserer Landschaft, viele tragen es um den Hals, es leuchtet von Kirchtürmen und ragt auf Bergspitzen auf – man kann es nicht übersehen. Und dennoch gehen viele an ihm vorbei, können seine Botschaft nicht aufnehmen, selbst wenn an einem Unfallort an der Landstraße plötzlich ein kleines Kreuz aufgerichtet wird, dazu noch ein kleiner Blumenstrauß. Erinnerung, dass etwas Schreckliches geschah? Zeichen der Trauer oder des Sieges, spricht es von Verzweiflung oder Hoffnung, Gebet oder Verbitterung? Ist es Zeichen des Todes oder zeigt es den Weg zum neuen Leben?

Es gibt eine lange *Tradition des Kreuzwegs*, in Stein gehauen, geschnitzt, gemalt. Menschen bedenken im Glauben den letzten Weg Jesu, durchbeten ihn. Sie gehen ihn von Station zu Station, knien nieder, halten inne, gehen weiter. Langsam richten sich der Blick und das Herz auf den einsamen Herrn in seinem Leid. Da gehen Menschen nicht in Sensationsgier, sondern im Schweigen, im Dank, dass der Herr die Sünde der Welt trägt; andere gehen auch klagend, weil das eigene Leid so groß ist, und sie wollen alles dem Herrn übergeben; wieder andere gehen, um gleichsam in der Schule des Meisters die größere Liebe zu lernen, um heute und in ihrem persönlichen Leben andere in Liebe zu tragen, zu ertragen.

Vom Kreuzweg Jesu erzählt die Heilige Schrift äußerst wenig, ein Satz: »*Und sie führten ihn hinaus, um ihn zu kreuzigen. Unterwegs zwangen sie einen Mann, ihm das Kreuz zu tragen.*« Das gibt keine Vorlage für einen eindrucksvollen Film, aber die Frömmigkeit hat den Weg entfaltet und mit Liebe in tausend Farben gemalt.

Wir möchten in unserem Gottesdienst im Kern nur die eine kurze Aussage, die vom Weg Jesu erzählt, herausgreifen: *Und sie zwangen den Simon, ihm das Kreuz zu tragen.* Es geht um die ungeheure Teilnahme am Weg Jesu, an seinem Kreuz, das *er doch allein für das Heil der Welt* trägt.

Das Kreuz steht da. Es wird durch die Welt getragen, niemand kommt an ihm vorbei. Diese Kreuzesbalken sind keineswegs einfach die »Kreuzung« von zwei Linien, von Vertikal und Horizontal, von Himmel und Erde, nicht die Gleichgewichtung aller vier Richtungen, nach denen ein Mensch sich ausstrecken kann, die Harmonie von oben, unten, rechts und links, von Interessen, Fähigkeiten, Vermögen oder Begierden in uns, die uns sonst in verschiedene Richtungen zerreißen könnten. Nein, das Kreuz ist das Kreuz Jesu, an diesem Kreuz kann man irre werden: *»für die Juden ein empörendes Ärgernis, für die Heiden Dummheit«* (1Kor 1,23). Das Leid können wir nicht lieben und erstreben, müssen es eher in Kauf nehmen, angesichts eines höheren Gutes annehmen. Wer also könnte den Simon nicht verstehen, wenn er nicht anpacken will, sondern lieber diesem Kreuz aus dem Wege gehen möchte?

Die Soldaten aber zwangen ihn, das Kreuz mit oder für Jesus zu tragen. Was trägt er da? Was ist das für ein Kreuz? Was ist das für eine Last? Wer muss das sein, der eine solche Last trägt? Was hat Jesus uns zu sagen, wenn wir uns unter dieses Kreuz stellen und seine Last bedenken?

Diese Lasten: erdrückende Begegnungen, das mörderische Geschrei: »Hinweg mit ihm!«, alle, die er nicht finden und zu sich rufen konnte, wir selbst, die wir uns ihm widersetzen, das Böse in uns – etwas davon soll nun vor Augen kommen. Wir fragen also gar nicht so sehr: »Was ist mein Kreuz? Welche Last habe ich zu schleppen?«, sondern wir versuchen *das Kreuz Jesu* wahrzunehmen. Wenn wir mit Jesus, seiner Liebe, Verheißung und seinem Anspruch etwas vertraut sind, können wir uns von ihm her, von seinem Leiden an den Menschen, einen Blick für unser Leben öffnen lassen. Wir werden sein Leid mitten unter uns wiederentdecken. Wo und wie geht er durch unsere Zeit und für uns? Nimmt er mich mit, damit ich heute ihm tragen helfe, mitleide – zum Heil und zur Erlösung der Welt?

Manchmal werden wir *gezwungen, das Kreuz zu tragen*, niemand sucht sich sein Kreuz aus. Was da zum Kreuz wird, ist nicht immer von uns selbst verursacht. Wir stehen mitten unter Menschen, begegnen ihnen. Wie im Vorübergehen sind wir plötzlich mit ihnen verbunden, und ihr Leben, ihre Nöte, ihre Last, vielleicht sie selbst werden unser Kreuz. Und niemand wird glauben, er könnte die Last der Welt, das Unheil und die Gottferne heben, tragen und wegtragen! Nein, in allen Kreuzen sollen und dürfen wir den Herrn erkennen, der es mit uns und für uns trägt. Er ist es, der es anhebt, damit wir in seine Liebe hineinwachsen, um es mit ihm zu tragen.

Die ganzheitliche Gestaltung*

Die ganzheitliche Gestaltung dieses Gottesdienstes versucht buchstäblich die Botschaft »in den Blick zu nehmen«, freilich nicht spektakulär wie ein Schaustück, sondern so, dass das Leben und die Liebe des Herrn unser Herz ansprechen kann. Der Kreuzweg ist leibhaft und sinnenhaft. Dazu muss das eigene Leben mit ins Spiel, ins Gespräch kommen. Die Zeichen selbst sollen sprechen. Es ist wichtig, dass die Zeichen getragen werden, dass sie Raum bekommen, mit ihnen in Ruhe umgegangen wird. Das Wort entfaltet die vielschichtigen Zeichen, nicht umgekehrt, als wären die Zeichen nur eine Illustration des Wortes.

Der EINZUG ist dem schweigenden Einzug des Karfreitags nachempfunden. In dieser Stille wird dann das Kreuz – undramatisch (!) – hereingeschleppt, ein nacktes, großes Kreuz. Offener, unbestimmter Anfang. Wenn es dann festgeschlagen wird, dann hallen die Schläge durch die Kirche. Es ist Zeit und Raum zum Ankommen, Hinschauen, zum eigenen Nachdenken und Fragen.

Im KYRIE heften Kinder und Eltern kleine Kreuze (aus Karton), an das Kreuz. Es sind einige von unseren alltäglichen Lasten, so klein sie sind, oft sind sie »unerträglich«. Wir tragen sie zum Herrn.

Das EVANGELIUM wird zweifach ausgelegt. Zuerst könnte eine Bildbetrachtung (Gespräch) über Simon und Jesus, über das Mittragen den Blick öffnen, dass das Kreuz dort vorn nicht einsam und verlassen steht. Wo sind wir? Wo bin ich?

Danach werden dann Zeichen herangetragen, die zum Leidensweg des Herrn gehören. Was macht dein Kreuz so schwer? Die Zeichen offenbaren *Begegnungen, Lebensgeschichte.* Mit den Zeichen schauen wir in unser Leben mit Not und Sünde, mit der täglichen Kreuzigung, dem Verrat, den Fesseln, Geißelungen, mit Spott und Verhöhnung. Ein Säckchen mit Geld: Verrat der Freundschaft; Menschenhandel; eine Fessel: gebunden, gefesselt, gefangen, wovon, worin? Geißel und Dornenkrone: Spott und Hohn auf die königliche Würde des Menschen. Diese Zeichen trägt der Herr, wir rufen so um Erlösung. Der leidende Herr ist mitten unter uns.

Zur WANDLUNG wird das Kreuz noch einmal konkreter, es ist das einzige Kreuz, das diesen Namen hat: Jesus Christus. Der Korpus wird an das Kreuz gehängt. Jetzt feiern wir die Nacht, in der er ausgeliefert wurde, jetzt gibt er sein Leben für uns hin.

Der FRIEDENSGRUSS sollte bewusst Raum haben. Es wird etwas von der Wandlung, der Umkehr deutlich, wenn alle die rechte Hand für den Nachbarn öffnen. Meine Hand ist offen beginnt der Vers, um dich zu tragen. Die linke Hand wird dann in eine offene Hand gelegt, von jemand getragen. *»Einer trage des anderen Last, so werdet ihr das Gesetz Christi erfüllen.«*

Das Bild (Andachtsbild oder Postkarte) zum Thema *Simon hilft Jesus das Kreuz tragen*, im Gottesdienst angeschaut, könnte ein Element der *SENDUNG* sein. Was nehme ich mit aus dem Gottesdienst? Ich nehme ein Bild mit, etwas, das ich auch innen geschaut habe, das nun im Laufe der Woche auf meine Antwort wartet: *Mit Jesus das Kreuz tragen.* Das Bild könnte einen Platz zu Hause bekommen.

* Dieser Gottesdienst wurde von uns zum ersten Mal veröffentlicht in: Religionspädagogische Praxis, Handreichungen für elementare Religionspädagogik, Jhg. 2001, Nr. IV, S. 45–54, »Mit Jesus das Kreuz trageh«, alle Rechte bei RPA-Verlag, Landshut.

Vorzubereiten

- ❒ großes Holzkreuz aus Rundholz. Wichtig: damit es hinterher geschleppt werden kann, muss es erheblich länger sein als die Person, die es trägt. Am Kreuz ist ein Haken, um später den Korpus zu befestigen
- ❒ Ständer für das Kreuz
- ❒ 4 kleine, handgroße Kreuze aus (rotem) Karton
- ❒ Fessel, Geißel, Dornenkrone, Säckchen mit Geldstücken, 4 große Nägel, Hammer
- ❒ Handbilder: »Simon hilft Jesus das Kreuz tragen« (z.B. aus dem RPA-Verlag)
- ❒ angemessen großer Korpus
- ❒ großer, blühender Zweig

Einzug

- ❍ *Der Priester und die Ministranten ziehen in Stille ein, gehen zu ihren Plätzen.*
- ❍ *Durch den Mittelgang (je nach Kirchbau) kommt ein Erwachsener langsam Schritt für Schritt und trägt das schwere Holzkreuz über der Schulter. Er stellt es schweigend im Altarraum auf. Eventuell kann ein Jugendlicher das Kreuz schweigend mit zwei oder drei Holzkeilen im Ständer fest schlagen.*

P. Da hat einer (oder N.) ein großes, schweres Kreuz in die Kirche getragen. Jetzt steht es da, aufgerichtet, vor uns. So stehen an vielen Orten Kreuze ... Und wir sagen: Das Kreuz hat etwas mit Gott und mit mir zu tun. Ja, das sagen wir, selbst ohne Worte – wenn wir nämlich das Kreuzzeichen über uns zeichnen. So beginnen wir jetzt: Im Namen des Vaters und des Sohnes und des Heiligen Geistes. Amen.
Das Kreuz wurde hereingetragen, und niemand ist aufgesprungen und hat es mitgetragen. Niemand hat ihn gehindert, es hereinzutragen: Was soll das? Das gehört doch oben ans Feld, an den Waldweg ... Niemand hat die Nase gerümpft: Wie hässlich! Ein so grobes Kreuz! Das Kreuz am Grab meiner Großmutter ist viel schöner.

Hat jemand vielleicht gedacht: Mein Kreuz ist viel schöner, das kleine, goldene um den Hals, das ich von der Erstkommunion habe?
Alle haben nur geschaut und sich gewundert, neugierig, wohin das wohl führt. Ein bisschen Sensation?
Dabei sagen viele Leute: »Mir tut das Kreuz weh«, und fassen sich voll Schmerzen an den Rücken. Denen ist es gar nicht mehr zum Lachen. Wir sehen Menschen, kleine und große, die tragen ihre Lasten, sie sind gebeugt, traurig, wie gequält, sie mühen sich ab für die Familie oder schleppen eine schwere Krankheit mit. Wir sagen: »Jeder muss sein Kreuz tragen.«Ja, wir kennen das: »Wir tragen ein Kreuz.«
Ich trage Lasten. Mich drückt etwas nieder. Ich trage ein Kreuz.

Kyrie

❍ *Nach jeder Aussage wird ein kleines, handgroßes Kreuz auf den Längsbalken des großen Kreuzes geheftet (von der Unterkante des Querbalkens abwärts).*

1. Kind — Bei uns in der Schule wird der Leistungsdruck immer größer.
Täglich müssen wir uns beweisen.
Schlechte Noten lassen sich nicht erklären und schönreden.
Für manche wird diese Last zu groß.
Wir selbst haben dann keine Lust mehr, werden ungenießbar und anderen zur Last.

❍ *Das 1. Kreuz wird angeheftet. Erst danach der Kyrieruf.*

Ruf — (ein vertrautes Kyrie, das sich im Rufen etwas entfaltet)

2. Eltern — Auf uns Eltern lasten die Sorge und die Verantwortung für unsere Kinder.
In ihren Ängsten und Nöten suchen sie einen, der sie versteht, bei dem sie ihre Last aussprechen, abladen oder teilen können.
Es ist manchmal schwer, nur zuzuhören, mitzutragen und keine perfekte Antwort zu haben.

❍ *Das 2. Kreuz wird angeheftet. Erst danach der Kyrieruf.*

3. Kind Überall in der Welt gibt es Katastrophen, Überschwemmungen, Hunger, Krankheit und Erdbeben.
Ein großes Kreuz für die leidenden Menschen.

❍ *Das 3. Kreuz wird angeheftet. Erst danach der Kyrieruf.*

4. Jugendl. Wir verstehen uns nicht. Gehässigkeiten und Streit sind unter uns. Wir stempeln andere ab.
In der Welt Krieg und Mord, ein Volk vernichtet das andere. Terror zerstört, bringt den Tod über unschuldige Menschen. Wir Menschen werden einander zur Last, zum Kreuz, zum Unheil. Wer kann das ertragen?

❍ *Das 4. Kreuz wird angeheftet. Erst danach der Kyrieruf.*

P. Allmächtiger Gott, erbarme dich über uns, befreie uns von den Lasten, die uns niederdrücken und von der Schuld, da wir selbst anderen Böses tun und ihnen zur Last werden. Befreie uns zu einem neuen Leben mit dir.
Durch Christus, unsern Herrn. Amen.

Lied Sag mir, was es ist
(siehe 5. Ich war durstig – Überleitung, Antwortgesang)

Tagesgebet

Überleitung zur Verkündigung

P. Wir sehen das Kreuz. Groß steht es da. Jemand hat es hereingetragen, das schwere Kreuz hereingeschleppt. Wir haben schon daran gedacht, dass auch wir ein Kreuz tragen. Niemand könnte alles aufzählen, was wir schleppen, worunter wir leiden, was uns zu schaffen, schwer zu schaffen macht.
Wenn wir dieses Kreuz sehen, werden wir auch an Jesus denken. Was hat es uns von ihm zu sagen?

Evangeliumsprozession – Verkündigung beim Kreuz

Evangelium Mt 27,31b–32

Dann führten sie Jesus hinaus, um ihn zu kreuzigen. Auf dem Weg trafen sie einen Mann aus Zyrene namens Simon; ihn zwangen sie, Jesus das Kreuz zu tragen. So kamen sie an den Ort, der Golgota genannt wird, das heißt Schädelhöhe.

Bildbetrachtung

❍ *Handbilder »Simon hilft Jesus das Kreuz tragen« werden verteilt. Das von uns angeschaute Bild aus Heiligkreuztal (Beuroner Kunstverlag) ist nur als Postkarte erhältlich. Andachtsbildchen gibt es z.B. vom RPA-Verlag, Landshut. Die Betrachtung ist ein kurzes Gespräch, orientiert am jeweils vorhandenen Bild.*

P. Wir nehmen das Bild in die Hand, schauen hin. Was können wir sehen? ... Wer sind die beiden Menschen? Wohin schauen sie? Was tun sie? Tun sie etwas miteinander? Sie sehen verschieden aus. Wie verschieden?
Wir sehen Jesus mit dem Kreuz. Jesus bleibt stehen. Er stützt die eine Hand auf das Knie und dreht sich um.
Wer geht da hinter ihm? ... Es ist Simon von Zyrene, das haben wir im Evangelium gehört.
Simon hat die Kleidung eines Bauern an; er kommt vom Feld. Er will nach Hause, doch die Soldaten zwingen ihn: »Trag du das Kreuz hinter Jesus her!«
Simon ist so klein. Kann ich das Kreuz tragen? Warum ist das Kreuz so schwer? Ich will es gar nicht tragen. Warum gerade ich? Am liebsten wäre ich so klein, dass ich im Boden verschwinden könnte.
Doch er trägt mit. So klein er auch ist, so weit hinten er auch geht, er trägt mit am Kreuz Jesu und hilft ihm. Jetzt gehört er zu Jesus.

Predigtgespräch – Warum ist dein Kreuz nur so schwer?

❍ *Nacheinander kommen 4 Kinder und stellen ihre Fragen. Nach der Antwort hängen sie jeweils ihren gezeigten Gegenstand an das Kreuz.*

1. Kind — Welche Last trägst du? Warum ist dein Kreuz so schwer?

P. — Siehst du die Dornenkrone?

❍ *P. nimmt die Dornenkrone in die Hand.*

Ich trage den Spott der Menschen.
Ich trage alle Menschen, die heute verspottet werden, die Kinder, auf die ihr in der Schule mit dem Finger zeigt und die ihr auslacht, die kleinen Geschwister, die ihr hänselt und lächerlich macht, alle, über die ihr Großen am Stammtisch lästert.
Dieser Spott tut weh, nicht nur auf dem Kopf, der geht bis ins Herz.
Wer trägt denn diese Verspotteten?

❍ *Jugendlicher schlägt mit drei, vier Schlägen einen großen Nagel oben in den Längsbalken. Er kann dazu evtl. in aller Ruhe (!) eine Leiter oder einen Hocker benutzen.*

❍ *1. Kind hängt die Dornenkrone an den Nagel.*

Ruf — Das Kreuz ist groß

T. u. M.: Franz Kett

Entnommen aus: Religionspädagogische Praxis, Handreichung für elementare Religionspädagogik, Jhg. 2001, Nr. IV, S. 50, »Mit Jesus das Kreuz tragen«, alle Rechte bei RPA Verlag, Landshut

2. Kind Welche Last trägst du? Warum ist dein Kreuz so schwer?

P. Siehst du diese Fessel?

❍ *P. nimmt die Fessel.*

Mit dieser Fessel binden sie mich, fesseln meine Hände,
mit denen ich nur Gutes tat.
Ich trage die Fessel für alle, die ungerecht gefangen sind.
Ich trage die Fessel auch für alle, die gebunden, gefesselt
sind an Alkohol, Zigaretten und Drogen.
Wer macht sie frei?
Ich trage die Fessel für alle, die an ihre Wünsche gebunden
sind, die ihre Hände nicht mehr öffnen können,
sondern nur gierig raffen und haben wollen und festhalten.
Ich trage all eure Schuld, die euch bindet an Gestern,
an euer Versagen, an euren Egoismus statt an Gott
und die euch unfrei macht.
Wer trägt sie denn?

❍ *Jugendlicher schlägt mit drei, vier Schlägen dort einen großen Nagel in den Querbalken, wo gewöhnlich eine Hand des Gekreuzigten befestigt ist.*

❍ *2. Kind nimmt die Fessel und hängt sie an den Nagel.*

Ruf Das Kreuz ist groß

3. Kind Welche Last trägst du? Warum ist dein Kreuz so schwer?

❍ *P. hält eine Geißel.*

Siehst du diese Geißel?
Damit haben sie mich geschlagen und gefoltert.Ich habe Wunden für alle Kinder, die heute geschlagen werden, zu Hause oder auf der Straße. Ich spüre alle Schläge, mit denen ihr auf dem Schulhof einander wehtut, wenn Männer ihre Frauen prügeln. Der kleinste Schlag gegen die Kleinen und die Ungeborenen geht mir bis ins Mark.
Wer hat denn Mitleid mit ihnen?

❍ *Jugendlicher schlägt mit drei, vier Schlägen einen großen Nagel in den anderen Arm des Querbalkens.*

❍ *3. Kind hängt die Geißel an den Nagel.*

Ruf Das Kreuz ist groß

4. Kind Welche Last trägst du? Warum ist dein Kreuz so schwer?

P. Siehst du dieses Säckchen?

❍ *P. holt ein Säckchen mit Geldstücken und klimpert damit.*

Für Geld, für 30 Silberlinge hat mich Judas verraten und an den Hohenpriester verkauft.
Ich trage alle, die verkauft werden, die wie Vieh behandelt werden, auf Schiffe gesperrt und weggeschafft für Geld.
Ich trage alle, die missbraucht werden auf den Straßen und in den vornehmen Häusern für Geld. Wer hat Mitleid mit ihnen und achtet ihre Würde?
Und ich trage die Schuld aller, die andere kaufen für Geld, die Mörder kaufen, damit diese andere umbringen für Geld.
Ich trage auf meinem Kreuz auch alle, die keine Kraft mehr haben, die nichts gelten, die ihr links liegen lasst, weil sie euch nichts mehr bringen, die vielen, die ihr überflüssig nennt. Sie sind schwer.
Wer trägt sie denn?

❍ *Jugendlicher schlägt mit drei, vier Schlägen einen großen Nagel seitwärts etwa in Hüfthöhe des späteren Korpus in das Kreuz ein*

❍ *4. Kind hängt den Geldsack an den Nagel.*

Ruf Das Kreuz ist groß

Fürbitten

❍ *Eine Kerze wird entzündet und ein blühender Zweig zum Kreuz gestellt.*

P. Simon geht mit Jesus. Er nimmt das Kreuz auf und trägt es mit Jesus. Jesus nimmt ihn mit auf seinen schweren Weg. Simon gehört jetzt ganz zu Jesus.
Jesus schaut ihn dankbar und liebevoll an. Die Liebe Jesu wird die große Kraft und die Freude sein, wenn wir mit Jesus das Kreuz tragen.
Darum bitten wir:

1. Kind Jesus, wir wollen dein Kreuz mittragen.
Lass uns erkennen, wenn einem anderen Kind Unrecht geschieht.
Lass uns mutig für die Schwächeren eintreten.

Ruf Das Kreuz ist groß

2. Eltern Jesus, wir wollen dein Kreuz mittragen.
Lass uns Eltern die Kraft finden, unseren Kindern in ihren Sorgen und Nöten gerecht zu werden.

3. Jugendl. Jesus, wir wollen dein Kreuz mittragen.
Immer mehr Menschen wenden sich von dir ab
und glauben, dich nicht mehr zu brauchen.
Gib uns die Kraft und den Mut,
dich immer wieder aufs Neue zu suchen und bei dir zu bleiben.

4. Eltern Jesus, wir wollen dein Kreuz mittragen.
Lass uns für unsere alten und kranken Menschen Zeit und Verständnis aufbringen.

5. Jugendl. Jesus, wir wollen dein Kreuz mittragen.
Lass uns vor dem Elend in der Welt nicht die Augen verschließen und weglaufen,
sondern schenke uns die Bereitschaft zum Teilen.
Lass uns für alles Gute dankbar sein.

P. Dank sei dir Jesus. Du gehst für uns den schweren Weg.
Dank sei dir, dass wir mitgehen dürfen.
Doch ohne dich vermögen wir nichts.
Darum stärke uns in der Liebe. Amen.

Sanctus

Wandlung

❍ *P. holt den Korpus und hängt ihn an das Kreuz.*

P. Wir schauen auf Jesus, der das Kreuz für uns getragen hat, den jetzt das Kreuz trägt. Er ist eins mit dem Kreuz und sagt: Aus Liebe will ich euch alle tragen. Ich gebe mein Leben für euch. – Und das ist jetzt.
»Denn am Abend, an dem er ausgeliefert wurde ...«

Wir sehen das Kreuz, wir sehen den blühenden Zweig, wir sehen die brennende Kerze.
Die Liebe Jesu bis zum Tod am Kreuz ist unsere Hoffnung,
seine Liebe schenkt uns neues Leben,
seine Liebe ist Licht in der Dunkelheit.
Geheimnis des Glaubens ...

Vaterunser

Friedensgruß

P. Mit welcher Kraft haben sie die Nägel in das Holz geschlagen, mit welcher Kraft aber hat Simon seine Hände geöffnet und das Kreuz Jesu mitgetragen?
Menschen haben viel Kraft, um zu raffen und festzuhalten.
Wir brauchen auch Kraft, ja mehr Kraft, wir brauchen Herzenskraft, Liebeskraft, um unsere Hände zu öffnen und sie dem anderen zu reichen.
Wir öffnen jetzt die rechte Hand, sie sagt: »Ich will dich mittragen.«
Ich lege meine linke Hand in die offene Hand des anderen.
Meine Hand sagt: »Ich danke dir, dass du mich trägst.«

Lied Meine Hand ist offen, meine Hand ist leer
(siehe: 11. Der Schatz im Acker – Friedensgruß)

Dank Seht das Zeichen, seht das Kreuz

T. u. M.: Hanni Neubauer

C C G7
1. Seht das Zei-chen, seht das Kreuz, es be - deu - tet
C C C
Le - ben. Je - sus starb für uns am Kreuz,
G7 C C
wollt uns Le - ben ge - ben. KV: Dan - ke, Je - sus,
F C F G7 C F
für dein Kreuz, dan - ke für dein Le - ben, dan - ke,
G7 C G C
Je - sus, für dein Kreuz, dan - ke für dein Le - ben.

Alles, was uns Sorgen macht,
dürfen wir dir bringen.
Du bist da, du hälst zu uns,
darum wolln wir singen:

Entnommen aus: Religionspädagogische Praxis, Handreichung für elementare Religionspädagogik, Jhg. 1980, Nr. I, S. 46, In die Tiefe gehen ..., alle Rechte bei RPA-Verlag, Landshut

Schluss O du hochheilig Kreuze (GL 182)

DER HERR IST AUFERSTANDEN

Eindrucksvoll ist der gegenseitige ostkirchliche Gruß: »Christus ist auferstanden!« »Er ist wahrhaft auferstanden!« Noch eindrucksvoller klang er in jener Zeit, als sich Schüler unter der kommunistischen Herrschaft am Ostermorgen in der Schule, denn es war kein Feiertag, so begrüßten. Das Erste und Wichtigste galt es einander zu sagen, sich darin zu stärken. Denn *»wenn Christus nicht auferweckt worden ist, dann ist euer Glaube nutzlos, und ihr seid immer noch in euren Sünden«* (1Kor 15,17). Diese Botschaft hat den Glauben an Jesus, den Christus, entfaltet und die Katastrophe des schändlichen Endes in neuem Licht erscheinen lassen.

Botschaft des Lebens gegen den Tod

»Christus ist von den Toten auferstanden. Er lebt!«, das war der fernste Gedanke, der den Jüngern Jesu hätte kommen können. Vierzig Tage begegnete der Herr ihnen, um sie davon zu überzeugen, dass er lebt. So lange feiert auch die Kirche die österliche Zeit, in der Hoffnung, dass der Glauben an den lebendigen Herrn Wurzeln schlage, tief werde. Nach den Tagen der Erwartung und nach der Ausgießung des Heiligen Geistes weiß sie sich gesendet, um den Glauben in die Welt zu tragen: *»Christus ist auferstanden. Er ist der Herr!«*

Sind wir mit dieser Frohen Botschaft fertig, wenn die Osterzeit vorbei ist? Sind wir nicht ein Leben lang unterwegs zur letzten Glaubensbewährung im eigenen Tod? Offensichtlich ist das Kreuz uns näher. Der Alltag ist vom Tragen und Ertragen geprägt, in der Not wächst viel Solidarität und Schicksalsgemeinschaft, aber auch Kleinmut, Verbitterung, Verzweiflung. Was aber trägt die Not? Was lässt uns sie tragen? Dass Gottes Liebe größer ist, dass Gottes Leben stärker ist, dass *unser Leben mit Christus verborgen ist in Gott.*

Die Begrenzungen und Bedrohungen des Lebens – das Kreuz – sind uns nah, sodass wir gern sagen: Sie gehören zum Leben. Wir müssen uns mit ihnen arrangieren. *Die Sehnsucht aber nach der Fülle des Lebens,* dass kein Tod mehr sei, weder Klage noch Schmerz, ist noch tiefer. Allein, wir können die Fülle des Lebens nicht in unserem Leben finden oder gar machen. *»Das Leben« wird uns verkündet* durch die Verkündigung der Auferstehung Jesu von den Toten.

Voraus-Bilder des neuen Lebens

Uns sind aber in Bildern und Naturvorgängen, in alltäglichen Begegnungen Erfahrungen geschenkt, die uns für jenes neue, alles übersteigende Leben aus der Fülle Gottes *vorbereiten* und die Botschaft vom neuen Leben erahnen lassen. Nach dem kalten, totengleichen Winter beginnt der Frühling. Das frische Grün, die zarten Blumen, die Knospen an den Bäumen, das Licht der Sonne und die wachsende Wärme, all das erzählt vom »wiederkehrenden Leben«. Aber auch – oder gar noch mehr – wird uns neues Leben geschenkt durch ein gutes Wort, durch Vergebung der Schuld, in der Genesung von einer Krankheit, durch treue Begleitung und einen guten Rat. Die naturhaften und die personalen Erfahrungen sind durchaus »Voraus-Bilder« der Auferstehung.

Das Leben wird verkündet

Die Auferstehung von den Toten jedoch übersteigt dies alles. Sie ist nicht nur rhythmische Wiederkehr des Alten, Umgestaltung dessen, was sich für kurze Zeit verbarg, aber doch nicht gestorben war; sie ist auch nicht nur Umkehr und neue Zuwendung unter Menschen. *Gott schenkt durch die »Macht seiner Herrlichkeit« neues Leben*, ewiges Leben, unsterbliches Leben. Er lässt uns mit Jesus Christus teilhaben an *seinem* Leben, das unser Leben jetzt übersteigt. Der Mensch ist so groß, dass nur Gott ihm genügt.

Darum lebt der Glaube an die Auferstehung Jesu von den Toten von der *Verkündigung.* Er muss weitergesagt werden als Zeugnis der Apostel und auf Hoffnung hin. Doch gilt es – vorbereitend – *»Erfahrungen des Lebens«* in seinen vielfältigen Formen zu stärken, gleichsam den Geschmack am *geschenkten Leben* zu verkosten, sich staunend daran zu freuen. »Das Leben« ist weder Machen, Produzieren, Sicheinrichten und Sichern, noch Konsumieren, Wachsen und Sichausweiten, *»das Leben« ist Gabe Gottes,* der selbst die Fülle ist. Und er ist treu. Schon als Angeld schenkt er sich in der Eucharistie. Unser Leben leben wir aus der immerwährenden Hingabe des lebendigen Herrn.

8. Herr, bleibe bei uns

Das Wort der Verkündigung aus Lk 24,25–35

Da sagte er zu ihnen: Begreift ihr denn nicht? Wie schwer fällt es euch, alles zu glauben, was die Propheten gesagt haben. Musste nicht der Messias all das erleiden, um so in seine Herrlichkeit zu gelangen?
Und er legte ihnen dar, ausgehend von Mose und allen Propheten, was in der gesamten Schrift über ihn geschrieben steht. So erreichten sie das Dorf, zu dem sie unterwegs waren.
Jesus tat, als wolle er weitergehen, aber sie drängten ihn und sagten: Bleib doch bei uns; denn es wird bald Abend, der Tag hat sich schon geneigt. Da ging er mit hinein, um bei ihnen zu bleiben.
Und als er mit ihnen bei Tisch war, nahm er das Brot, sprach den Lobpreis, brach das Brot und gab es ihnen. Da gingen ihnen die Augen auf, und sie erkannten ihn; dann sahen sie ihn nicht mehr.
Und sie sagten zueinander: Brannte uns nicht das Herz in der Brust, als er unterwegs mit uns redete und uns den Sinn der Schrift erschloss?
Noch in derselben Stunde brachen sie auf und kehrten nach Jerusalem zurück, und sie fanden die Elf und die anderen Jünger versammelt. Diese sagten: Der Herr ist wirklich auferstanden und ist dem Simon erschienen. Da erzählten auch sie, was sie unterwegs erlebt und wie sie ihn erkannt hatten, als er das Brot brach.

Die zwei Jünger auf dem Weg nach Emmaus. Sie gehen ihren Weg. Kann das unser Weg sein? Wir gehen vermutlich im Moment ganz andere Wege. Wir sind (hoffentlich) in der Osterfreude, jene aber gehen von Enttäuschung gebeugt, sie wissen nicht, wie es weitergehen soll, wir aber kennen den Ausgang des schweren, tödlichen Weges des Herrn. Sie sind noch ganz auf dem Kreuzweg, zerbrochen alle Hoffnungen und Aufbrüche. Ohnmächtige, dunkle Trauer, die keine Zukunft sieht, umfängt sie. Dem Fremden, der sich ihnen anschließt, können sie wohl mit bunten Farben ausmalen, was Jesus für *ein großer Prophet* war, *mächtig in Wort und Tat*, aber die Hoffnung, dass *er Israel erlösen* werde, hat er nicht einhalten können.

Da sind in ihr Leben einerseits Jahre erfüllender Begegnung mit Jesus eingezeichnet, Wege mit dem Herrn und Meister, dem machtvollen Propheten, die ihnen niemand nehmen kann, andererseits ist da jetzt zugleich die Leere, die der Tod unbarmherzig zurücklässt.

Sie reden *über all das, was geschehen ist*, doch ihr Reden schafft keine Erlösung, eher wundern sie sich darüber, dass es einen Fremden gibt, der ihr Leid nicht unmittelbar kennt. Doch sind sie so frei, dass sie von sich reden und dann auch ihm zuhören. Er kann sogar gegen ihre Erfahrung reden, sie hinweisen auf den Gang der Geschichte Gottes mit seinem Volk. Er kann ihnen einen Herzensblick öffnen, dass sie *brennend erahnen:* Gott ist am Werk, es gibt da ein »heiliges Müssen«, unter dem der Weg Jesu stand. Gottes Wege sind nicht unangefochtene, breite Wege, von Anfang bis Ende zu überschauen. Seine Worte, Gesetz und Verheißung, kann er ihnen in Erinnerung rufen und ein neues Bild des Messias zeichnen, dass der Meister den letzten Platz sucht, der Letzte der Erste sein wird, der Herr zum Knecht aller geworden ist, dass er nur als Weizenkorn durch den Tod hindurch Frucht bringt und so sein Leben als Lösegeld für die vielen geben musste.

All diese zunächst unangenehmen Gedanken stoßen sie nicht ab, im Gegenteil, die bittere Enttäuschung verfliegt. Da ist ein Brennen, sodass sie sagen: *»Herr, bleibe bei uns!«* Sind sie auf ihrem *Weg mit Jesus* vorangeschritten, sodass der Abstieg Jesu bis in den Tod sie zu faszinieren beginnt, obwohl sie doch die verheißene Herrlichkeit nicht schauen?

Jesus tritt ein und bleibt. »Und als er mit ihnen bei Tisch war, nahm er das Brot, sprach den Lobpreis, brach das Brot und gab es ihnen. *Da* erkannten sie ihn.« Woran erkennen sie ihn? Am Herzstück, am letzten Willen und Tun Jesu, an dem, was er mit großer Sehnsucht mit ihnen gefeiert hatte, um ihnen alles zu geben. Sie erkennen ihn an seiner Hingabe, die er jetzt im Brechen des Brotes lebendig mit ihnen und an ihnen vollzieht.

Hinterher spüren sie, dass es das war, was in ihnen schon brannte. Gottes Weg mit seinem Messias geht durch das Dunkel und Sterben zum Leben in Gott. *Das Geheimnis des Weizenkorns ist die Logik Gottes.*

So bleibt er da. Weder große Gedanken und vernünftige Einsichten noch neue machtvolle Heilungen, nicht Wegweisung oder sonst ein Trost lassen sie in Freude wieder aufbrechen, sondern das *»Brotbrechen des Herrn«*. Nicht die Jünger sind es, die gemeinsam trauernd oder in dankbarer Erinnerung an den Herrn jenen Fremden einladen und mit ihm das Brot brechen, sondern Jesus ist da, und er *bricht ihnen das Brot: »mein Leib für euch«*. Er ist in seine Herrlichkeit eingegangen und lebt, um ihnen heute das Brot zu brechen, sich den Jüngern immer neu zu schenken und *so bei ihnen zu bleiben. Diesen Weg von Hingabe und Leben* stiftet er seiner Kirche ein.

Die ganzheitliche Gestaltung

Die Erzählung des Evangeliums entfaltet einerseits eine Lebensgeschichte mit ihren Stimmungen, Hoffnungen und Enttäuschungen, andererseits die Belehrung über Jesus. Die Lebensgeschichte wird in Hell und Dunkel gemalt, sie wird im Gespräch kurz und prägnant dargestellt. Die Belehrung hat zunächst kein Bild, erst als der Herr bei ihnen eintritt, um bei ihnen zu bleiben, erinnern wenige Worte an eine reiche, dichte Handlung: *»das Brot brechen«*, die Hingabe beim letzten Mahl.

Für eine ganzheitliche Gestaltung bieten sich also die Elemente an: *Licht – Leben und Dunkel – Tod.* Diese Elemente kommen dann ins Gespräch.

Der *Dialog*, Begegnung im Aussprechen und Hören, ist ein erstes Stück Weg zum Leben.

In der Handlung: *Als er mit ihnen bei Tisch war, nahm er das Brot, sprach den Lobpreis, brach das Brot und gab es ihnen*, erfüllt sich der Weg. Der Herr ist da. Er bleibt bei ihnen. Aus der Kraft der lebendigen und doch verborgenen Gegenwart und der brennenden Freude darüber *gehen, eilen sie* und verkünden: *Der Herr ist auferstanden!*

Vor dem KYRIE lassen wir sehr einfach und klar das Licht aufgehen, sprechen den Grundton der Osterfreude an: *Licht und Leben*. Diese Freude führt uns zusammen, ohne dass sie schon gedeutet wäre. Wir singen als gläubige Gemeinde dem Herrn das Kyrie zu, singen es ihm aus unserm Leben zu, wie es ist. Darum wird das *Dunkel* neben das Licht gelegt. In der Gestik *strecken wir uns aus* nach dem Licht, nach ihm, dem lebendigen Herrn.

Der DIALOG vor der Verkündigung des Evangeliums ist Teil des Evangeliums. Er ist ein *Weg zum Glauben,* zur Freude des Glaubens. Einerseits wird die Enttäuschung ausgesprochen, andererseits wird das Geheimnis Jesu: »durch den Tod zum Leben«, umschrieben, indem besonders auf das Weizenkorn hingewiesen wird.

Der Weg hat ein Ziel, die Jünger kommen an. *Bleibe bei uns, Herr!* Und er bleibt. Darum sollten das Wort (Evangelienbuch) und der Ort der Feier des Geheimnisses dicht beieinander sein. Der Weg führt zum Altar: *Er bricht mit ihnen das Brot.*

Bei der WANDLUNG wird dieses *»Jetzt«* hervorgehoben.

Am Schluss brechen sie in Freude zu den anderen auf. Die ENTLASSUNG könnte ein besonders Gesicht bekommen. Das Halleluja der Auferstehung könnte vor dem »Gehet hin« gesungen werden. Begegnung mit dem lebendigen Herrn wird zur Sendung.

Die Liturgie

Vorzubereiten

- ❐ Osterkerze. Wenn möglich steht sie so in der Nähe des Altares, dass später das gelbe Tuch auf einer Altarseite das Leuchten der Kerze verstärkt.
- ❐ gelbes Tuch, schwarzes Tuch, großer Stein
- ❐ Platz des Evangeliars bei der Osterkerze
- ❐ Texte: Kyrie, Dialog, Fürbitten

Eingang Christ ist erstanden (GL 213)

Eröffnung

Im Namen des Vaters ...
Gnade, Friede und Leben unseres Herrn Jesus Christus,
der auferstanden ist von den Toten, sei mit euch.

Christus ist auferstanden von den Toten.
Das Dunkel des Todes ist überwunden.
Mit Freude und Jubel feiern wir das Osterfest.
Es ist hell geworden. Die Ostersonne geht auf.

❍ *Die Osterkerze wird entzündet.*

Das Osterlicht leuchtet und vertreibt die Nacht des Todes.

❍ *P. oder jemand anders entfaltet ein gelbes Tuch, dazu Glockenspiel.*

Ein neues Leuchten kommt in die Welt, die Frohe Botschaft: »Jesus lebt!«

❍ *Das gelbe Tuch wird auf den Altar gelegt.*

Sind auch unsere Häuser hell geworden? Haben wir heute schon das Halleluja gesungen?
Wenn wir uns an die vergangene Woche erinnern, dann wissen wir um viel Dunkelheit, Nacht und Ölberg, Kreuz und Tod.

❍ *Ein schwarzes Tuch wird ausgebreitet, begleitet von Trommelschlägen.*

Manches, was uns traurig macht, was wir verloren haben, was uns einander nicht mehr verstehen ließ, das wird nicht so schnell hell und freundlich. Wir denken auch an unsere Kranken.
Da liegt noch ein schwarzer Haufen.

❍ *Das schwarze Tuch wird wie ein schwarzer Haufen in die Nähe des gelben Tuches gelegt.*

Da liegen auch noch dicke Steine, Sorgen und Lasten des Lebens.

❍ *Ein dicker Stein wird dazugelegt.*

Streit und böse Worte, die machen uns hart. Wir verschließen uns, werden hart wie ein Stein.

❍ *Die Kinder können die Fäuste ballen, sich hart machen.*

Kyrie

❍ *Ein bekannter Kyrieruf, der Raum gibt, sich zu entfalten, die Hände lanbgsam zu weiten.*

1. Kind — Jesus Christus, auferstanden von den Toten,
du lebst in unserer Mitte.
Um dich sind wir versammelt.
Wir loben dich.

❍ *Die Kinder öffnen die Hände und verbinden sich. Im 2. Teil des Kyrie erheben sie miteinander die Arme.*

2. Kind — Jesus Christus, auferstanden von den Toten,
du, hast den Tod überwunden, vertreibst die Angst.
Du führst vom Dunkel ins Licht.
Wir loben dich.

❍ *Die Kinder beugen sich etwas, im Dunkel verschlossen. Im 2. Teil des Kyrie weiten sie sich, heben die Hände.*

3. Kind — Jesus Christus, auferstanden von den Toten,
du hast durch deine Liebe das Böse besiegt,
du führst uns auf den Weg des Friedens.
Wir loben dich.

❍ *Die Kinder stehen mit verschränkten Armen. Beim Singen des Kyrie verbinden sie sich, heben die Hände und wiegen sich.*

Gloria — Gloria, Ehre sei Gott
(K. Stimmer-Salzeder, in: Lied der Hoffnung 3, 73)

Lesung — Kol 3,1–4

Antwortgesang

Halleluja, halleluja, wir woll'n hör'n auf Gottes Wort

T. u. M.: Kathi Stimmer-Salzeder

C
KV: Hal - le - lu - ja, hal - le - lu - ja, wir wolln
F C C
hör'n auf Got-tes Wort. Hal - le - lu - ja, hal - le -
F C
lu - ja, denn er liebt uns im - mer fort.
F C
1. Ja, er schenkt uns, was wir brau - chen und er
2. Al - le Ta - ge un - sres Le - bens will er
F C F
gibt uns gu-ten Geist, dass wir le - ben, dass wir
un - ser Va-ter sein, gibt den Geist, der uns - ver -
C G7 C
lie - ben, un - ser Herz den Schöp-fer preist.
bin - det, fest in un - ser Herz hi - nein.

Evangelium Lk 24,28–35

Emmausgang

P. Wir feiern Ostern. So steht es ja auf dem Kalender.
Ein helles Fest, sagen die Leute.
Doch gestern, vorgestern und noch davor, da gab es dunkle Tage: Gründonnerstag, Jesus feierte mit seinen Jüngern das letzte Abendmahl, danach ging er zum Ölberg. Schwarz war die Nacht.
Wie dunkel und schwer war wohl der Kreuzweg?
Als Jesus am Kreuz gestorben war, wurde der Leichnam in ein Grab gelegt und ein schwerer Stein davor gewälzt.
Alles war zu Ende. Totenstill.
Sollten wir alle da nicht traurig sein?
Doch seht, da kommen zwei Jünger. Sie gehen so traurig.

❍ *2 Kinder kommen langsam vom Eingang der Kirche den Gang entlang nach vorn. Sie reden miteinander.*
Sie bleiben stehen.

1. Kind Jesus ist am Kreuz gestorben. Jetzt ist alles aus.
2. Kind Ja, wir müssen weggehen. Was sollen wir noch in Jerusalem?
Wir gehen nach Emmaus.

❍ *Sie gehen weiter und bleiben wieder stehen.*

1. Kind In Jerusalem habe ich Angst bekommen. Wenn es uns wie Jesus ergeht?
2. Kind Ich bin traurig. Jesus war so gut! Und jetzt?
Alles aus!

❍ *P. kommt auf sie zu.*

P. Ihr schaut so traurig aus.
Worüber redet ihr auf dem Weg?
1. Kind Wo kommst du denn her?
Weißt du nicht, was in Jerusalem passiert ist?
P. Was denn?
2. Kind Ja, das mit Jesus! Er hat so viel Gutes getan.
P. Was hat er denn getan?

1. Kind Die Blinden konnten wieder sehen, die Lahmen gehen, die Tauben hören. Er kam von Gott. Jesus hat alles gut gemacht.

P. Da habt ihr ihn wirklich lieb gehabt. Doch was geschah dann?

2. Kind Dann haben sie ihn ans Kreuz geschlagen.
Ich bin wütend über die Hohenpriester und den Pilatus.
Vor drei Tagen war das!

1. Kind Doch stell dir vor, jetzt ist das Grab leer.
Einige Frauen sagen: Er ist auferstanden von den Toten.
Aber sie haben ihn nicht gefunden.

P. Wie traurig müsst ihr sein!

2. Kind Ja, drei Jahre sind wir mit ihm gegangen. Alles umsonst!

1. Kind Das Schlimmste ist passiert: Wir haben Jesus verloren.

P. Ihr habt das alles erlebt. Warum versteht ihr nicht?
Erinnert euch!
Jesus hat euch auch gesagt: Das Weizenkorn muss in die Erde fallen und sterben, dann wächst es,
dann wird es groß und bringt viel Frucht.
Weil er euch liebt, hat er sein Leben für euch hingegeben.
Ich gehe mit euch. Ihr wollt nach Emmaus gehen.

❍ *Sie gehen zusammen dorthin, wo das Evangeliar liegt.*

Hier seid ihr am Ziel. Ich aber will weitergehen.

2. Kind Nein, Herr, bleib bei uns, es wird schon Abend.

1. Kind Erzähl uns noch mehr von Jesus!

P. Ich will mit euch hineingehen und bei euch bleiben.

Verkündigung des Evangeliums

❍ *P. nimmt das Evangeliar hält evtl. eine kleine Evangeliumsprozession zum Verkündigungsort, »wo er mit Ihnen hineingeht«, und verkündet zwischen den beiden Jüngern das Evangelium.*

P. Jesus ging also mit ihnen hinein, um bei ihnen zu bleiben.
Und als er mit ihnen bei Tisch war, nahm er das Brot,
sprach den Lobpreis, brach das Brot und gab es ihnen.
Da gingen ihnen die Augen auf, und sie erkannten ihn;
dann sahen sie ihn nicht mehr.

8. Herr, bleibe bei uns

Und sie sagten zueinander: Brannte uns nicht das Herz in der Brust, als er unterwegs mit uns redete und uns den Sinn der Schrift erschloss?
Noch in derselben Stunde brachen sie auf und kehrten nach Jerusalem zurück, und sie fanden die Elf und die anderen Jünger versammelt.
Diese sagten: Der Herr ist wirklich auferstanden und ist dem Simon erschienen.
Da erzählten auch sie, was sie unterwegs erlebt und wie sie ihn erkannt hatten, als er das Brot mit ihnen brach.

❍ *Danach gehen die beiden Jünger auf ihre Plätze zurück.*

P. Was wir gehört haben, das dürfen wir jetzt feiern.
Jetzt tritt unser Herr Jesus Christus bei uns ein, um uns das Brot zu brechen, sein Leben uns zu geben, um bei uns zu bleiben.
Wir bereiten uns darauf vor und bitten ihn wie die Jünger:

Ruf Herr, bleibe bei uns, verlass uns nicht,
hilf uns zu leben in deinem Licht

Fürbitten

1. Erw. Christus, du lebst und gehst mit deinen Jüngern.
Geh auch mit uns auf allen Wegen unseres Lebens.
Bleibe bei uns, wenn wir enttäuscht sind,
mutlos werden und kein Licht mehr sehen.

Ruf Herr, bleibe bei uns

2. Kind Christus, du lebst und redest mit deinen Jüngern.
Sag auch zu uns dein Wort,
sag es jeden Tag neu in unser Herz,
damit wir uns über die Wege Gottes freuen.

Ruf Herr, bleibe bei uns

3. Erw. Christus, du lebst und schenkst uns dein Leben.
Brich uns das Brot des Lebens,
stärke unsere Liebe in der Familie und in der Gemeinde.
Lass uns eins werden.

Ruf Herr, bleibe bei uns

Gabenbereitung

Osterlied oder Flötenstück

Sanctus Heilig (K. Stimmer-Salzeder, in: Lied der Hoffnung 3, 78)

Wandlung

Wann haben die Jünger Jesus erkannt?
Als er mit ihnen das Brot brach, so wie er es beim letzten Abendmahl getan hatte.
Woran haben sie ihn erkannt? Daran, dass er ihnen seinen heiligen Leib schenkte – in seiner großen Liebe: »*Das ist mein Leib für euch.*«
Das ist unser Jesus, der uns alles schenkt, seinen Leib und sein Leben, alles.
Da leuchtete ihnen auf: Jesus ist das Weizenkorn, das stirbt und zu neuem Leben ersteht – für uns.
So will Jesus, der lebendige Herr, bei uns sein.
Jetzt feiern wir es. Er bricht für uns das Brot das Lebens,
er schenkt sich selbst,
wie er es beim letzen Abendmahl getan hatte.
Denn in der Nacht, da er verraten wurde ...

Dank Sing mit mir ein Halleluja (Th. Eger, in: Troubadour, 328)

Segen

P. Gott, der Vater, hat Jesus von den Toten auferweckt.
Christus, unser Herr und Gott, lebt.
Singt ihm das Halleluja.
Verkündet eure Freude: Christus ist auferstanden! Er lebt.
So segne euch und stärke euren Glauben der allmächtige und barmherzige Gott,
der Vater, der Sohn und der Heilige Geist. Amen.

❍ *P. singt:*

Gehet hin in Frieden, halleluja, halleluja.

Auszug Das ist der Tag (GL 220)

WAS GOTTES GEIST BEWEGT

Von Pfingsten kennen wir das große Brausen und die Zungen von Feuer, siebenfach die Gaben, obwohl der Reichtum des Geistes unbegrenzt ist. Etwas Unbändiges liegt im Geiste Gottes, ganz anders als uns das Wort Gottes erscheint, das Mensch geworden ist, wie gebunden und schließlich geradezu in Buchform greifbar, »fest-geschrieben«, sodass man es auch beiseite legen kann. Gottes Geist aber wirkt, wo er will. Wie den Wind *»hörst du sein Brausen, weißt aber nicht, woher er kommt und wohin er geht«*. Das scheint seine Art zu sein: ungreifbar, unverfügbar.

Ungreifbar ergreift er

Wir können den Heiligen Geist nicht greifen. Wenn wir ihn »haben«, dann hat er uns »ergriffen«. Das ist sein Geheimnis.

Wenn Gottes Geist uns anspricht, dann nimmt er uns in »Anspruch«, dann will er mit unseren Worten und mit unseren Taten sprechen – hinein in die Welt, die Klasse, den Arbeitsplatz, die Familie, die Gemeinde. Anders scheint er sein Feuer nicht zu geben. Die Feuerzungen ließen sich auf jeden der Apostel nieder, nicht irgendwo, sondern wie persönlich zugeteilt.

Es ist erstaunlich, wunderbar und beängstigend zugleich, dass Gottes Geist sich an Personen bindet, an mich, an uns, an unsere persönlichen Fähigkeiten, Grenzen, Eigenarten. In zwei Grundrichtungen wirkt er in uns. Er richtet uns aus *auf Gott hin*, er seufzt, betet, ruft in uns nach Gott, dem Vater, als dem Ziel unserer Erwählung, da wir Kinder Gottes und Miterben Christi sind. Andererseits sendet er uns *in die Welt* und wirkt alle Fruchtbarkeit, er befreit uns zum Geben, zur Gemeinschaft, zum Weg der Liebe, »zur Freiheit der Kinder Gottes«, die, weil sie Gott gehören, in der Welt das Böse durch das Gute überwinden und vom Herrn Jesus Zeugnis geben sollen.

Wirkmächtig und aufbauend

Das *Rufen nach Gott* ist manchmal ganz still wie die durchbeteten Nächte des Meisters, still kann auch das *Wirken in die Welt* hinein sein. Aber seine erste Erfahrung, nämlich die Sendung der Apostel, lässt uns seine wirkende, offenbarende, bewegende Kraft erwarten. Zahlreich und greifbar sind seine Früchte und lassen die Menschen aufhorchen.

Durch die Heiligung und die Sendung erbaut Gottes Geist die *Kirche*, eint und sendet sie, führt sie durch viele Bedrängnisse und hält sie doch in dem »Einen« als Grund und als Schlussstein: in Jesus Christus, dem Erlöser. Der Geist Gottes selbst erschließt ihr dies innerste Lebensgeheimnis, die Liebe des Erlösers, durch die sie kostbar erkauft ist.

Heute stürmt und braust es nicht, dennoch ist Pfingsten nicht vorbei. Es ist jeden Tag neu, weil der Geist des Sohnes in uns weiter wirken will zur Erlösung der Welt und zur Verherrlichung des Vaters.

9. Was müssen wir tun?

Das Wort der Verkündigung aus Apg 2

Als der Pfingsttag gekommen war, befanden sich alle am gleichen Ort. Da kam plötzlich vom Himmel her ein Brausen, wie wenn ein heftiger Sturm daherfährt, und erfüllte das ganze Haus, in dem sie waren. Und es erschienen ihnen Zungen wie von Feuer, die sich verteilten; auf jeden von ihnen ließ sich eine nieder.
Alle wurden mit dem Heiligen Geist erfüllt und begannen, in fremden Sprachen zu reden, wie es der Geist ihnen eingab.
Die Menge strömte zusammen und war ganz bestürzt; denn jeder hörte sie in seiner Sprache reden. Sie sagten: Wir alle hören sie in unseren Sprachen Gottes große Taten verkünden.
Da trat Petrus auf, zusammen mit den Elf; er erhob seine Stimme und begann zu reden: Ihr Juden und alle Bewohner von Jerusalem! Dies sollt ihr wissen, achtet auf meine Worte!
Das Wort des Propheten hat sich erfüllt: In den letzten Tagen werde ich von meinem Geist ausgießen über alles Fleisch.
Israeliten, hört diese Worte: Jesus, den Nazoräer, den Gott vor euch beglaubigt hat durch machtvolle Taten, Wunder und Zeichen in eurer Mitte – ihn habt ihr durch die Hand von Gesetzlosen ans Kreuz geschlagen und umgebracht. Gott aber hat ihn von den Toten auferweckt.
Gott hat ihn zum Herrn und Messias gemacht, diesen Jesus, den ihr gekreuzigt habt.
Als sie das hörten, traf es sie mitten ins Herz, und sie sagten zu Petrus und den übrigen Aposteln: Was sollen wir tun, Brüder?
Petrus antwortete ihnen: Kehrt um, und jeder von euch lasse sich auf den Namen Jesu Christi taufen zur Vergebung seiner Sünden; dann werdet ihr die Gabe des Heiligen Geistes empfangen.

Pfingsten ist vorbei, lange vorbei. Wo ist der Anfang geblieben? Denn ein Anfang war es, was damals am Pfingsttag in Jerusalem geschah, ein erschütternder, die Welt verwandelnder Aufbruch aus der Verschlossenheit und wartenden Sammlung. Wer hätte sich das von diesen Männern und Frauen, einhundertzwanzig an der Zahl, vorstellen können? Alles war zu Ende gewesen, und jetzt der neue Aufbruch! Das Warten und Sehnen nach der Gabe aus der Höhe ist vollendet, jetzt wirkt dieser Geist in die Welt hinein. Und das Maß ist nicht der Mensch, sondern der Geist selbst.

War es zuerst die Aufgabe der Jünger, sich wie wahre *Schüler um Jesus zu versammeln,* mit ihm zu gehen, ihn zu hören und zu schauen, seine greifbare Nähe zu erfahren, für ihn alles loszulassen und an ihm gleichsam satt zu werden, so ist jetzt die Stunde von oben gesetzt, *in die Weite zu gehen*, auszuteilen, was sie umsonst empfangen haben. Ist diese neue Weite Zerstreuung? Nein, es ist *Sendung in der Gewissheit: »Ich bin bei euch alle Tage.«*

Womit aber sollen sie gehen? Was sollen sie austeilen? Es ist wenig, dies Wenige aber ist das Ganze: Christus ist auferstanden von den Toten! – Gott hat diesen Jesus, den ihr gekreuzigt habt, zum Herrn und Messias eingesetzt. In ihm allein ist uns und der Welt das Heil geschenkt.

Pfingsten ist ganz und gar *»Christus-orientiert«*. Der Geist redet nie von sich selbst, er redet immer von Jesus, dem Christus. Was Gott mit ihm so Großes gewirkt hat, wie Gott der Vater Tod in Leben verwandelt hat, das schneidet den Zuhörern ins Herz. *»Was sollen wir tun?« »Kehrt um, und jeder von euch lasse sich auf den Namen Jesu Christi taufen zur Vergebung seiner Sünden; dann werdet auch ihr die Gabe des Heiligen Geistes empfangen.«* Es werden keine Vorleistungen, keine Taten verlangt, keine Studien, keine Qualifikationen, sondern die Umkehr und Taufe, um Christus zu gehören und den Heiligen Geist zu empfangen wie die Apostel. Und was heißt das? Wie diese *»Gottes große Taten verkünden«*, nämlich Christus verkünden, den lebendigen Herrn.

Das ist die Freude und Glaubensgewissheit der aufbrechenden, gesandten Kirche, das ist ihr pfingstlicher Anfang vor allen Charismen und ihr bleibender Grund: *Christus ist der lebendig Herr, in dem allein der Welt alles Heil geschenkt ist.*

Aus der Fülle des Wirkens des Heiligen Geistes, des stillen Hauches und des welterschütternden Brausens, soll die ganzheitliche Gestaltung des Gottesdienstes sich darauf konzentrieren, diese erste pfingstliche Botschaft vom Heiligen Geist zum Klingen zu bringen: *Christus ist der lebendige Herr! Lasst euch auf ihn ein! Er ist bei uns alle Tage.*

Wir sind schon Kirche, wir sind als Glieder der einen Kirche in Einheit versammelt. Wir wissen um das Wirken des Geistes.

Im KYRIE schauen und spielen wir deshalb in Variationen, dass die offensichtliche Einheit derer, die zusammenstehen, dennoch vielfach gefährdet ist: die tägliche Trennung, Abweisung, Verschlossenheit – auch unter »Brüdern und Schwestern«.

Die PFINGSTERZÄHLUNG wird nicht eigens dramatisiert durch Betonung der Zurückgezogenheit und wartenden Verschlossenheit. Doch soll die pfingstliche Geistsendung mit einem ganz *neuen Licht und Leuchten* die Versammlung und den Raum erfüllen. Anschaulich werden im Chorraum viele gelbe und rote Tücher entfaltet. Unser Leben mit seinen Engen wird aufgebrochen.

Das HALLELUJA ist *der* Lobgesang, der nichts anderes besingt als die großen Taten Gottes, die Auferstehung des Herrn.

Was geschieht, wird uns zur Frage. Es ist beeindruckend, wenn einer aus der Gemeinde aufsteht und laut für uns alle fragt: »*Was soll das bedeuten?*« Und später: »*Was sollen wir tun?*« Das bleibt unsere Frage heute.

Die Antwort: Kehrt euch dem Herrn zu! Wer sich dem auferstandenen Herrn zukehrt – umkehrt, den wird Gottes Geist *in die Welt* senden, dass er der Welt verkünde: »*Christus ist auferstanden. Er ist der Herr.*« Die Kirche beginnt sich auszubreiten – und dazu nimmt Gottes Geist jeden persönlich in Anspruch.

Wovon gesprochen und gesungen wird, das erfüllt sich jetzt, wenn die Eucharistie gefeiert wird. »Seht, ich bin bei euch alle Tage.« Aus dieser *gefeierten Gegenwart des Herrn* heraus werden wir auch immer wieder *gesendet.* Immer neue GEIST-SENDUNG.

Vorzubereiten

- ❐ bis zu 24 Tücher (gelb, rot, orange), zusammengefaltet im Halbkreis um den Altar auf den Boden abgelegt
- ❐ eine Vorrichtung an den Bänken, um die Tücher zu befestigen
- ❐ Schlagzeug
- ❐ Texte: Kyrie, Fürbitten
- ❐ Evangeliar etwa dort, wo später der Priester im Kreis stehen wird

Eingang O komm herab, du Heiliger Geist
(Gemeinschaft Emmanuel, in: Er lebt, 304)

Begrüßung

P. Im Namen des Vaters ...
Wir sind versammelt und dürfen sagen: Gott hat uns zusammengerufen.
Pfingsten, das ist das große Fest, an dem wir Gott loben, weil er seinen Geist über uns ausgießt, seine Kirche aus allen Völkern zusammenruft, die vielen Zerstreuten und Zerstrittenen zur Einheit zusammenführen will.
Wir wissen, dass das Werk Gottes ein langer Weg ist.
Wir sind oft nicht so, wie Gott uns führen und beschenken möchte.
Einige aus der Gemeinde, Kinder und Erwachsene, versammeln sich jetzt um den Altar, damit wir alle sehen und hören, wie es um uns steht.
Und wir werden Gott um seinen Heiligen Geist bitten, der uns erneuern möge.

Kyrie

❍ *Kinder und Eltern versammeln sich um den Altar, wo die Tücher liegen.*

1. Lektor Gott, wir sind versammelt wie die Apostel.
Du verheißt uns deinen Heiligen Geist,
den Geist des Mutes und der Glaubenskraft.
Doch wir sehen oft schwarz und haben Angst

❍ *Gestik: Alle legen die Hände über den Kopf. verstecken sich gleichsam in sich selbst.*

und unser Herz wird eng und kleinmütig.

❍ *Gestik: Alle beugen sich in Angst, Ängstlichkeit, Kleinmut.*

Ruf KV: Komm, Heiliger Geist, mit deiner Kraft, die uns verbindet und Leben schafft (in: Troubadour, 83)

❍ *Im Singen richten sich alle auf, weiten und öffnen Hände und Arme, erheben sie leicht vor sich zur Gebetshaltung.*

2. Lektor Gott, du verheißt uns deinen Heiligen Geist,
der uns eins sein lässt.

❍ *Gestik: Alle fassen sich an den Händen und bilden einen Kreis.*

Doch dann trennen wir uns im Streit,
wollen voneinander nichts mehr wissen,
denken nur noch an uns.

❍ *Gestik: Alle überkreuzen ihre Hände vor sich und drehen sich nach außen, drehen also einander und der Gemeinde den Rücken zu.*

Ruf Komm, Heiliger Geist ...

❍ *Gestik: Alle drehen sich wieder nach innen zur Mitte und erheben leicht die offenen Hände.*

3. Lektor Gott, du verheißt uns deinen Heiligen Geist, der uns verbindet,

❍ *Gestik: Der Kreis wird wieder geschlossen, indem sich alle die Hände einander auf die Schultern legen.*

der Mauern, Trennung und Missverständnisse niederreißt. Doch wir bauen die Mauern immer wieder auf und sagen: Weg mit dir!

❍ *Gestik: Alle strecken die Hände und Arme abwehrend vor sich zur Mitte hin aus.*

Ruf Komm, Heiliger Geist ...

❍ *Gestik: Alle öffnen die Hände und erheben sie leicht.*

Tagesgebet

Lesung Pfingsterzählung aus Apg 2 (frei und zusammengefasst)

❍ *Die Lesung wird heute frei erzählt, teils im Wechselgespräch, zugleich klingt öfter das Halleluja auf, der Lobgesang auf die »Großen Taten Gottes«.*

P. Wir sind versammelt und denken heute an die Apostel nach der Himmelfahrt Christi.
Sie waren in einem Raum in Jerusalem versammelt.
Jesus hatte ihnen das aufgetragen: »Bleibt zusammen und wartet. Ich werde euch die Kraft vom Himmel, den Heiligen Geist, senden. Er wird euch stärken und mit mir verbinden.
So sind sie einmütig mit Maria im Gebet versammelt.
Am Pfingsttag, da geschieht es.
Plötzlich kommt vom Himmel her ein Brausen, wie wenn ein gewaltiger Sturm daherfährt, und erfüllt das ganze Haus.

❍ *Musikalische Untermalung (Schlagzeug), ausklingen lassen!*

Und es ist wie ein großes, helles Feuer, das das Haus durchglüht.

- *Alle um den Altar entfalten die roten, gelben, orangen Tücher und erheben sie langsam.*
- *Musikalische Untermalung, ausklingen lassen!*

Zungen wie von Feuer erscheinen und lassen sich auf jeden von den Aposteln nieder.
Und alle werden vom Heiligen Geist erfüllt
und beginnen, Gott zu loben.

Ruf — Hallelu, hallelu, hallelu, halleluja, preiset den Herrn (nur 1. Teil) (in: Troubadour, 177)

- *Dazu folgende Bewegungen:*
  1. sich mit den entfalteten Tüchern drehen,
  2. das Tuch wie eine Fahne mit einer Hand leicht nach rechts und links schwenken.

In Jerusalem sind an jenem Tag viele Menschen aus allen möglichen Ländern.
Als das Brausen sich erhebt, laufen sie zusammen.
Was ist geschehen?
Und sie hören die Apostel in allen Sprachen Gott loben.

Ruf — Hallelu, hallelu, hallelu, halleluja, preiset den Herrn (nur 1. Teil)

Sprecher 1 — (aus der Bank, aus dem Volk)
Was hat das zu bedeuten?

Sprecher 2 — (Petrus, d. h. einer von denen, die um den Altar stehen)
Das sollt ihr wissen: Jesus, den ihr gekreuzigt habt,
den hat Gott von den Toten auferweckt.
Er hat ihn zum Retter und Heiland der Menschen gemacht.
Und dieser Jesus hat uns von Gott seinen Heiligen Geist gesandt – wie ihr seht und hört.

Ruf — Hallelu, hallelu, hallelu, halleluja, preiset den Herrn (nur 1. Teil)

Sprecher 1 — (Volk)
Das schneidet uns ins Herz.
Brüder, was müssen wir tun?

Sprecher 2 (Petrus)
Kehrt um
und lasst euch taufen zur Vergebung der Sünden!
Und auch ihr werdet den Heiligen Geist empfangen.

Ruf Hallelu, hallelu, hallelu, halleluja, preiset den Herrn (nur 1. Teil)
So erfüllt sich, was Jesus verheißen hat. Wir hören es.

❍ *P. nimmt das Evangeliar und verkündet das Evangelium im Kreis der Kinder und Erwachsenen.*

Evangelium Mt 28,18–20
Vor seiner Aufnahme in den Himmel rief Jesus die elf Jünger nach Galiläa auf einen Berg.
Und er trat auf sie zu und sagte zu ihnen:
Mir ist alle Macht gegeben im Himmel und auf der Erde.
Darum geht zu allen Völkern, und macht alle Menschen zu meinen Jüngern; tauft sie auf den Namen des Vaters und des Sohnes und des Heiligen Geistes.
Seid gewiss: Ich bin bei euch alle Tage bis zum Ende der Welt.

P. Die Kirche beginnt zu wachsen. Die ersten Menschen hören die Frohe Botschaft von Jesus Christus. Und sie erfahren:
Er lebt. Er ist da, er ist mit uns.
Sein Heiliger Geist ruft die Menschen zusammen.
Der Glaube an Jesus Christus breitet sich aus.
Wir tragen jetzt das Feuer und das Leuchten des Heiligen Geistes, die Freude an Jesus Christus in die Kirche.
Der ganzen Welt soll es leuchten:
Christus sagt: Ich bin bei euch alle Tage.

❍ *Die Kinder gehen mit ihren Tüchern in das Kirchenschiff (den Mittelgang), das Evangeliar wird bis zum Gang mitgetragen.*

Ruf Hallelu, hallelu, hallelu, halleluja, preiset den Herrn (vollständig)

- *Die Tücher werden an den Bankenden befestigt.*
- *Die Kinder gehen in ihre Bänke zurück, das Evangeliar wird zurückgetragen.*

Glaubensbekenntnis

Fürbitten

P. Gott sendet seinen Heiligen Geist, er führt die Menschen zusammen.
Er schenkt den Glauben an Jesus Christus.
Die Menschen werden froh.
Jesus, du lässt uns nicht allein, dein Geist gibt Leben, dein Geist macht uns eins.
Lasst uns um die Gabe des Heiligen Geistes beten.

Ruf Komm, Heiliger Geist, erfülle uns mit deiner Liebe

M. u. T.: Franz Mitterreiter

C
Komm, Hei - li - ger Geist, er -
F C d C G C
fül - le uns mit dei - nem Frie - den!
mit dei - nem Le - ben!
mit dei - ner Lie - be!
mit dei - ner Freu - de!

1. Jugendl. Jesus, am heutigen Pfingsttag bitten wir dich:
Erfülle uns mit deinem Geist,
damit wir anderen Menschen ohne Vorurteile begegnen
und keinen aus unserer Gemeinschaft ausschließen.

2. Kind Erfülle uns mit deinem Geist,
damit wir freundlich und hilfsbereit zueinander sind.

3. Erw. Erfülle uns mit deinem Geist,
damit wir froh und dankbar unseren Alltag
mit all seinen Pflichten und Sorgen annehmen.

4. Jugendl. Erfülle uns mit deinem Geist,
damit wir den Mut und die richtigen Worte finden,
von dir zu sprechen,
und die Kraft, die Welt in deinem Geist zu verändern.

5. Erw. Erfülle uns mit deinem Geist,
damit wir keine Angst vor der Zukunft haben,
sondern auf dich vertrauen, der alles gut machen wird

Gabenbereitung

Atme in uns, Heiliger Geist
(Gemeinschaft Emmanuel, in: Singe Jerusalem, 5)

Sanctus Heilig, heilig, heilig bist du, unser Gott
(K. Stimmer-Salzeder, in: Lied der Hoffnung 3, 78)

Dank

Ausgang Der Geist des Herrn (GL 249)

Dank Wenn du wie der Friede kommst

T. u. M.: Kathi Stimmer-Salzeder

C a e F C
1. Wenn Du wie der Frie - de kommst, wie ein tie-fer
G C a
A - tem - zug, ist's als ob im
e F C G7 C
kal - ten Win - ter ei - ne Blu-me blü - hen kann.
a F G
1.–3. Du machst un - ser Le - ben weit, Du gibst
a D7 G C a
al - lem sei - ne Zeit. Gott, Du un - ser
e F C G7 C
Lied der Lie - be, in Dir ist Le-ben - dig - keit.

2. Wenn Du wie das Feuer kommst,
mit der Kraft, die alles fasst,
muss sich alles in Dir wandeln,
Glut und Asche, Licht und Rauch,
Du machst unser Leben weit …

2. Wenn Du wie der Regenkommst,
dort wo Hungeer ist und Durst,
ist's, als ob ein neues Leben
tief in dürre Erde dringt.
Du machst unser Leben weit …

DAS REICH GOTTES

Welche Wucht des ersten Auftritts, der ersten Worte: Jesus verkündete das Evangelium Gottes und sprach: »Die Zeit ist erfüllt, das Reich Gottes ist nahe. Kehrt um, und glaubt an das Evangelium!« (Mk 1,14–15). Dem wartenden Volk, der Sehnsucht Israels ruft er Verheißung und Hoffnung zu: erfüllte Zeit, Gottes Reich ist nahe. Er, dieser Jesus aus Nazaret, kommt und mit ihm das Reich Gottes. Diesen Menschen können sie alle sehen, zu ihm gehen, ihm nachlaufen, ihn hören, ihn anfassen. In der Tat, so ist er ihnen nahe und heilt sie. Handgreiflich ist das Heil, gefährlich nah, sodass sie in der Synagoge von Nazaret zuerst staunen, dann aber doch Anstoß nehmen und steinhart sagen: »Das kann nicht sein! Dich kennen wir, Sohn des Zimmermanns. Gottes Reich kommt anders«, und heben Steine auf.

Gottes Reich: von Gott und menschlich nah

Wie können wir dieses Reich Gottes fassen, wenn doch Gott immer der Eine und Unfassbare ist? Wann und wie gehören wir wirklich und wirksam dazu? Ist es etwa nur eine persönliche Heilungserfahrung, wenn ich krank war und nun gesund geworden bin? Kann ich Gottes Reich »fassen« wie die Leute im Gedränge Jesus fassen, anfassen? Wird es eine politische Macht, ein besonderer Friedensstaat? Ist es einfach eine bessere, kraftvollere Moral (Bergpredigt)? Welche Bedingungen gibt es, hineinzukommen? Können wir es verpassen? Müssen wir es machen? Können wir etwas dazutun?

Der *Anspruch Jesu* ist ungeheuerlich, dass *er allein* das Leben Gottes bringt. Diese unerträgliche Spannung: menschlich nah und göttlich weit, einer von uns und Gottes Sohn. Ist es mit dem Reich Gottes anders? Es ist Erfüllung der dramatischen Bundesgeschichte Israels, dennoch so neu und anders, ist den Sündern und Armen verheißen, den Suchenden, allen, die umkehren.

Nur in Gleichnissen sprach er zu ihnen

In dieser Spannung beginnt Jesus vom Reich Gottes nur in Gleichnissen zu reden. Er erzählt vom Leben der Menschen, von ihrem Alltag, von Aussaat und Ernte, von Erfolg und Misserfolg, von dem, wie die Menschen »so sind«. Darin weckt er die Erfahrung einer Bewegung, die Ahnung nach dem Größeren, dem Geheimnis, das mitten in unser Leben hineinreicht und das wir doch nicht greifen.

Wie die Jünger möchten auch wir nach jedem Gleichnis fragen: Und was *bedeutet* nun das Gleichnis? Erkläre es uns Zug um Zug! Was bedeutet was? Womit meinst du mich? Manchmal unterwies sie Jesus dann am Abend, damit sie verstehen. Doch vieles bleibt einfach so stehen. Und so geht es bei Gleichnissen. Sie sind nicht eine Verschlüsselung von Bekanntem, damit ein Feind nicht dahinter schaut. Wenn wir vieles zum Gleichnis gesagt und unser Leben ins Spiel gebracht haben und dann fragen: »Und was ist nun das Reich Gottes?«, dann müssen wir das Gleichnis wieder erzählen und haben darin den lebendigen Bezug und den Reichtum der Botschaft vom Reich Gottes.

Unser Leben anschauen

Die Sprache der Gleichnisse lässt uns in Bildern und Handlungen unser Leben schauen, entdeckt es, ohne es bloßzustellen oder funktional zu durchschauen. Es bleibt viel Offenheit und Freiheit darin, dass wir uns einfinden, dass unsere Sehnsucht nach Gott Kraft bekommt, das Vertrauen wächst, dass er am Werk ist, und wir das kommende Reich *als Gabe und Geheimnis* empfangen und *als Aufgabe* annehmen.

Immer wieder entdecken wir, dass Jesus von *sich* erzählt, dass es um *ihn* geht, um unsere Begegnung mit *ihm*, um unseren Glauben an *ihn*. *Der Greifbare offenbart den Ungreifbaren.* Die Begegnung mit dem unfassbaren Gott, mit seiner Macht und seinem Erbarmen, ist offenbar nur möglich, wenn wir zugleich neu in unser Leben hören und schauen lernen, in der Schöpfung den Schöpfer erkennen, die Gabe uns den Geber zeigt. *Die Gleichnisse verbergen und offenbaren zugleich.*

Die Gleichnisse sprechen keineswegs zuerst unseren Verstand an, sondern das fragende Herz, dessen inneren Reichtum und Leben, Hoffnung und Sehnsucht. Sie kennen oft nicht die funktionale Menschenlogik; da ist ein Übermaß in ihnen, das die Gotteslogik offenbart. Ihre letzte Tiefe ist Jesus Christus selbst, der Sohn Gottes unter uns.

Mit den Kindern das Wesentliche ganzheitlich entdecken

Können wir heute in unserer, kurz gesagt, technischen, rationalen, funktionalen Welt die einfachen, alltäglichen, schlichten, naturnahen, vortechnischen Gleichnisse noch verstehen? Finden sie in unser Herz, das angeblich »ganz anders« denkt, fühlt oder mit anderem besetzt ist? Können sie in ihrer Einfachheit noch in unsere komplexen Entscheidungen und Erfahrungen hineinsprechen? Sie können fremd erscheinen wie aus einer anderen, vielleicht heilen Welt. Was können wir tun?

Wenn wir annehmen, dass sich in unseren Kindern *Wesentliches unseres Menschseins* zeigt, keineswegs nur »Kindisches«, sondern etwas, das die Eltern mit allen menschlichen personalen Kräften bewegt, dann können wir auf die Kinder schauen und wahrnehmen, wie sie groß werden, die Welt entdecken, wie sie fragen und zugleich antworten, wie sie Bilder malen und spielen. Offensichtlich ist da etwas von der Art wie Jesus spricht. Kinder können schauen und staunen, sie leben nicht nur die platte objektive Wirklichkeit, sondern eine bildhafte, *die objektive, die personal durchgestaltet* ist, eine greifbare, die transparent ist, eine *ganzheitliche Welt*, in der Raum ist für immer Größeres, für das Geheimnis und die Gabe Gottes.

10. Friede sei diesem Haus

Wie Gottes Reich kommt

Das Wort der Verkündigung Lk 10,1–6.9

Danach suchte der Herr zweiundsiebzig andere aus und sandte sie zu zweit voraus in alle Städte und Ortschaften, in die er selbst gehen wollte.
Er sagte zu ihnen: Die Ernte ist groß, aber es gibt nur wenig Arbeiter. Bittet also den Herrn der Ernte, Arbeiter für seine Ernte auszusenden.
Geht! Ich sende euch wie Schafe mitten unter die Wölfe.
Nehmt keinen Geldbeutel mit, keine Vorratstasche und keine Schuhe! Grüßt niemand unterwegs!
Wenn ihr in ein Haus kommt, so sagt als erstes: Friede diesem Haus!
Und wenn dort ein Mann des Friedens wohnt, wird der Friede, den ihr ihm wünscht, auf ihm ruhen; andernfalls wird er zu euch zurückkehren.
Heilt die Kranken, die dort sind, und sagt den Leuten: Das Reich Gottes ist euch nahe.

Eindrucksvoll und erschreckend, weil so ganz gegen die Klugheit, gegen die Einsichten der normalen Menschen, der weltkundigen, wie wir es sind, sendet Jesus seine Jünger aus. Im ersten Moment fasziniert das Alternativprogramm. Soll in der karger Zurüstung der Jünger eine Chance für das Reich Gottes liegen? Gut gemeint, aber schlecht zugerüstet; eine heldenhafte Idee, ohne Rückhalt, Vorräte, Strategien, Sicherheitspakete. Aufbruch nur im Vertrauen, Neuland zu bearbeiten. Ausbildung und Training sind in unserer Gesellschaft notwendige Investitionen, wenn man überhaupt Effizienz zu garantieren wagt. Noch einmal eindrucksvoll unverständlicher ist diese Aussendung, weil Jesus die Größe der Ernte vor Augen hat, das Missverhältnis von Ernte und Arbeitern. Lädt das ein, mitzumachen?

Was haben die Jünger, was haben wir in Händen, wenn wir in die Welt ausgesandt werden zur *Ernte*, die zugleich *Ankommen des Reiches Gottes* ist? Für die Ernte brauchen wir leere Hände, die sammeln können. Wenn wir die Bilder auch nicht pressen können, so scheint das Bild der großen *Ernte* doch nahe zu legen, dass die Arbeiter nur *zugreifen und holen* müssen, nicht weggeben, einsetzen, beackern, aussäen oder dergleichen.

Was ist das für eine große Ernte, die da steht? Vielleicht sehen wir die wogenden, weißen Ährenfelder, wie Jesus im Gespräch am Jakobsbrunnen sagt. Sehen wir sie: stolze Halme, pralle Ähren, goldgelb, herrlich gewachsen? Eine große Ernte. Also, sammeln wir den Gewinn, den Ertrag, die Frucht der Geduld!

Doch der Herr sieht anderes. Große Ernte: die Kranken, die Besessenen, die Sünder, die Armen der Zeit, die Suchenden, die verlorenen Schafe, die niemand haben, der sie führt und leitet. »*Ich bin gekommen, zu suchen, was verloren ist.*« Wenn er »*Ernte*« sagt, dann gibt es noch nichts zu sammeln – das wird am Ende der Welt sein, sondern *nur zu geben*. Er selbst sammelt uns für den Vater, indem er *sein Leben für uns hingibt*.

Dann ist die Frage noch einmal drängender: Was haben wir zu geben? Wie bereiten wir das Reich Gottes vor, das nahe ist? Oder ist es so nahe, dass wir es schon geben können?

Das Erste, was der Jünger zu geben hat, ist *Friede* – und nicht ein Wissen über Gott und die Welt, nicht das Wort Umkehr, auch nicht Bußpredigt, Tugendkatalog und Wegweisung. Weder soll der Jünger zuerst über das Wetter oder den Alltag reden, noch um Wasser und Brot bitten. Er soll das geben, was er hat: *Friede*. Der Friede wird zum letzten Vermächtnis des Herrn gehören: »*Frieden hinterlasse ich euch*« – im Angesicht von Hass und kommender Verfolgung. Der Friede, den er gibt, gründet in der Gottesbeziehung, in der Versöhnung mit dem Vater, in der *Zuwendung* Gottes zu uns, den Fernen, Verlorenen. Friede ist zu Hause sein bei Gott. Jedes *Haus*, wenn ihm das Reich Gottes nahe ist, wird ein Haus des Friedens und für Frieden sein, und umgekehrt: SEIN Friede wird das »Haus« bauen, in dem wir miteinander und füreinander leben.

Zwei Bilder und zwei Grundhaltungen prägen den Gottesdienst: ein gemaltes, großes, helles Haus und ein hoher Turm aus Bauklötzen. Wenn sie eng beieinander stehen, das gemalte Haus eher hinter dem Turm, werden die Kinder es kaum als erstes benennen. Der Turm fällt auf, erhebt sich stolz, lässt sich sehen.

Das Haus als »gute Grunderfahrung« trägt die Verkündigung und Feier. Wenn sie »alltäglich« ist – hoffentlich, muss sie gerade deswegen *verinnert* und kostbar werden, angenommen und geschätzt.

Die ERÖFFNUNG: Ganzheitlich eröffnen wir den Gottesdienst immer *vom Ziel her, also vom Haus des Friedens,* vom Frieden im Haus. So sprechen wir die Grunderfahrung des hellen Hauses an und verinnern sie in der Gestik. Das führt in die Stille, ins gesammelte Dasein.

Im KYRIE tragen wir vor Gott, die andere, manchmal abgrundtiefe Haltung, die bittere Erfahrung: die Welt ist anders, wir sind anders, handeln friedlos, unfriedlich, zerstörerisch. Der hohe Turm wird zerstört. Aus den vielen Assoziationen sind einige auszuwählen.

Die LESUNG erzählt, dass der Unfriede auch durch die Gemeinde geht. Unser Leben ist ausgebreitet, liegt als helles Haus und als zerstörter Turm vor uns.

Wir bereiten das Evangelium als Heilszusage und Auftrag vor, indem wir die Lebenserfahrung des hellen Hauses wieder aufgreifen.

Im EVANGELIUM hören wir vom Auftrag zum Frieden, der nicht irgendwo herumliegt, sondern uns in die Hände und ins Herz gegeben ist. Es ist unsere Sendung, Frieden zu »sagen«, der Hand und Fuß hat, der nicht nur ein Wort bleibt.

In den FÜRBITTEN bauen wir mit Steinen am Haus des Friedens. Da ist Bewegung, wenn Kinder die Steine hintragen. Aber dann muss der einzelne, hingetragene Stein auch wirklich liegen. Es muss erst wieder still werden, ehe die Bitte gesagt wird. Die Aktivität muss ins Gebet finden! Das eigene Haus, meine Familie, das Lebenshaus können erst dann in den Blick rücken.

Jesus selbst ist durch seine Hingabe bis zum Tod unser Friede und die Mitte unseres Hauses. Wenn die Steine vor dem Altar stehen, stehen sie an diesem Ort des Friedens.

Der FRIEDENSGRUSS nimmt noch einmal auf, dass wir Frieden nicht anders »machen«, als dass wir uns selbst geben: frei werden, uns öffnen, um einander anzunehmen.

Die Liturgie

Vorzubereiten

- ❒ gemaltes großes helles Haus (z.B. auf Sperrholzplatte 120x140 cm), es genügt der Umriss, ein offenes Tor, darin abgestuft helle Farben
- ❒ hoher Turm aus Klötzen (z.B. aus dem Kindergarten) auf einem Tisch in der Nähe des gemalten Hauses aufgebaut (ca. 120–150 cm hoch)
- ❒ Ziegelsteine, 2–4 mit der Aufschrift FRIEDE liegen schon vor dem Altar, 6 andere mit derselben Aufschrift sowie 5 mit Wörtern aus den Fürbitten liegen in der Nähe der Kinder
- ❒ großer Kerzenständer vor dem hellen Haus, Evangeliumskerze
- ❒ Evangeliar
- ❒ Texte: Kyrie, Fürbitten

Eingang Ein Gebet, das viele Stimmen singen
(K. Stimmer-Salzeder, in: Lied der Hoffnung 3, 19)

Begrüßung – Eröffnung

P. Im Namen des Vaters ...
Liebe Kinder,
liebe Eltern und Gemeinde,
wir sehen unsere Kirche, die Wände, die Fenster ...
Was seht ihr in unserer Kirche?

❍ *Die Kinder etwas entdecken lassen, dann zum hellen Haus und den Grunderfahrungen hinführen.*

Das helle Haus

Wir sehen dort ein helles Haus.
Wann ist ein Haus hell?
Wie ist es in einem hellen Haus?

❍ *Gestik: offene Arme, bergende Arme.*

Wie sind die Menschen in einem hellen Haus?
(Begriffe: einladend, herzlich, geschützt, Geborgenheit, Familie, Freunde, sich verstehen, feiern)

Der Turm

Doch da steht der Turm, den haben alle zuerst gesehen.
Wie wurde der Turm gebaut?
Mit Liebe, Freude, von Freunden ...
Ein Turm sieht immer stolz aus, er erhebt sich, man kann ihn von weitem sehen. Er sagt: Schau doch, wer ich bin!

❍ *Ein Kind wird vorgerufen. Es soll an den Tisch stoßen und den Turm zerstören. Das muss mit dem Kind vorher besprochen sein.*

P. Da kommt ein Kind und geht an dem Turm vorbei, es schaut und geht weiter.

❍ *Das Kind spielt die Szene mit.*

Es kommt wieder vorbei, bleibt stehen,
schaut – und geht weiter.
Nach einiger Zeit kommt es wieder, es geht sehr langsam,
es schaut den Turm an, es schaut sich um – und geht weiter.

Es kommt wieder, nähert sich dem Turm, schaut hinauf,
schaut sich um, kommt ganz nah ...

❍ *Das Kind rüttelt an dem Tisch oder reißt eine Stütze ein, sodass der Turm zusammenkracht. – Das Kind geht in die Bank zurück. Die erste Unruhe ausklingen lassen, bis es wieder ganz still wird.*

Überleitung zum Kyrie

P. Der Turm ist umgestoßen.
Wie es im Kindergarten zugeht,
wie es zu Hause zugeht,
wie Menschen miteinander umgehen.
Warum nur? Gönnen wir den anderen nichts?
Ja, so machen wir sie schlecht, tun ihnen weh.
Nicht in Ruhe lassen – zerstören – fertig machen –
beseitigen – Krieg machen – umbringen ...
bei Kindern und Erwachsenen, im Spiel, bei der Arbeit,
in der Wirtschaft, in der Politik, unter Völkern ...

Kyrie

1. Kind Im Kindergarten steht ein Turm in der Bauecke,
ganz hoch von meinen Freunden aufgebaut.
Es könnte Spaß machen, einmal dagegen zu stoßen.
Wenn der zusammenkracht!
Ich gehe vorbei und tippe ganz leicht mit dem Fuß dagegen.
Mein Gott, was habe ich kaputtgemacht.
Die Kinder ärgern sich. Wir haben Streit.

Ruf Herr, erbarme dich (gesungen).

2. Kind In der Schule liegt ein Heft neben mir .
Schön geschrieben.
Die Lehrerin findet es toll.
Da werde ich neidisch.
Schnell spritze ich etwas Tinte darüber.
Mein Gott, was habe ich kaputtgemacht?
Jetzt haben wir Streit und Tränen.

Ruf Christus, erbarme dich.

3. Erw. Wir sitzen in gemütlicher Runde
bei angeregter Unterhaltung.
Ich kann es mir nicht verkneifen,
eine spitze Bemerkung fallen zu lassen.
Schlagartig wird es still.
Mein Gott, was habe ich kaputtgemacht?
Wie aus heiterem Himmel
habe ich Freude und Gemeinschaft zerstört.

Ruf Herr, erbarme dich.

4. Erw. In der Welt versuchen viele Staaten,
sich einander anzunähern.
Aber immer wieder will einer die Macht über die anderen,
will ein Mensch die anderen unterdrücken und vertreiben.
Mein Gott, unser Gott,
sieh das Leid, das wir Menschen einander zufügen.

Ruf Herr, erbarme dich.

Gloria Ich lobe meinen Gott, der aus der Tiefe mich holt
(H.J. Netz/Ch. Lehmann, in: Troubadour, 129)

Lesung 1Kor 1,10–13

Ich ermahne euch aber, Brüder, im Namen Jesu Christi, unseres Herrn: Seid alle einmütig, und duldet keine Spaltungen unter euch; seid ganz eines Sinnes und einer Meinung. Es wurde mir nämlich, meine Brüder, von den Leuten der Chloë berichtet, dass es Zank und Streit unter euch gibt. Ich meine damit, dass jeder von euch etwas anderes sagt: Ich halte zu Paulus – ich zu Apollos – ich zu Kephas – ich zu Christus.

Ist denn Christus zerteilt? Wurde etwa Paulus für euch gekreuzigt? Oder seid ihr auf den Namen des Paulus getauft worden?

Ihr seid immer noch irdisch eingestellt und denkt nicht wie Jesus. Denn genauso sind die Menschen der Welt, die von Gott nichts halten: Eifersucht und Streit herrschen unter euch!

Wenn einer sagt: Ich halte zu Paulus!, ein anderer: Ich zu Apollos!, seid ihr da nicht wie Streithähne, spaltet euch und vergesst die Einheit? Was ist denn Apollos? Und was ist Paulus? Sie durften euch zum Glauben helfen, mehr nicht. Gott aber lässt wachsen.

Bewahrt die Einheit und den Frieden!

Wisst ihr nicht, dass ihr Gottes Tempel seid und der Geist Gottes in euch wohnt? Gottes Tempel aber ist heilig, und der seid ihr.

Übergang

P. Wir sehen es: Zerstörung und Unfriede, der zerstörte Turm.
Doch da ist eine Kraft in uns, die sagt : Nein!,
Zerstörung soll nicht sein. Streit soll nicht sein.
Das helle Haus ist schöner, dort lässt es sich leben.
Wir möchten etwas anderes, wir möchten Frieden.
Da ist eine Sehnsucht nach dem hellen Haus.
Hören wir, was Jesus uns dazu sagt.

❍ *Die Kerze entzünden und zur Verkündigung halten, danach auf den Ständer vor das helle Haus stellen.*

Evangelium Lk 10,1–5

Danach suchte der Herr zweiundsiebzig andere Jünger aus und sandte sie zu zweit voraus in alle Städte und Ortschaften, in die er selbst gehen wollte.
Er sagte zu ihnen: Die Ernte ist groß, aber es gibt nur wenig Arbeiter.
Bittet also den Herrn der Ernte, Arbeiter für seine Ernte auszusenden.
Geht! Ich sende euch wie Schafe mitten unter die Wölfe.
Nehmt keinen Geldbeutel mit, keine Vorratstasche und keine Schuhe! Grüßt niemand unterwegs!
Wenn ihr in ein Haus kommt, so sagt als erstes:
Friede diesem Haus!

Gedanken zur Auslegung

Was sagst du, wenn du in ein Haus kommst? Wenn du nach Hause kommst? (Guten Tag. Oder einfach loslegen: War das doof in der Schule. Ein Sauerwetter. O, das riecht ja schon ganz gut ...)
Was soll unser erstes Wort sein? Friede!
Friede sagen und – Däumchen drehen?
Schauen wir doch einmal hin. Wir treten in ein Haus. Warum, wozu? Was wollen wir dort? Was sollen wir dort?
Zuerst sollst du Frieden bringen!
Wir leben in einem Haus. Was sollst du tun?

Zuerst sollst du Frieden bringen.
Das trägt Jesus uns auf. Und er trägt uns etwas Großes auf.
Du suchst den Frieden? Wo liegt er? Wo kannst du in kaufen? Kannst du ihn machen? Fällt er wie Regen vom Himmel über die ganze Welt?
Nein, Jesus sendet seine Jünger und trägt ihnen den Frieden auf, er gibt uns den Frieden in die Hand,
in unser Herz, uns, seinen Freunden.
Das ist das Große! Jesus vertraut uns den Frieden an.
Er vertaut uns, und er mutet ihn uns zu.
Wir haben Steine in der Hand, um Frieden zu bauen,
Häuser des Friedens, neue Häuser des Friedens.
Wir Christen müssten Fachleute des Friedens sein,
denn er ist nicht unsere kleine Erfindung,
Jesus gibt ihn uns.

Fürbitten In den Fürbitten tragen wir einige Bausteine des Friedens zusammen.

❍ *Kinder tragen jeweils 2 Steine nach vorn, und bauen sie vor dem Altar auf. Erst danach wird die Fürbitte gesprochen.*
Stille!

Auf dem einen Stein steht immer FRIEDE, auf dem anderen ein Wort (oder zwei Wörter) für das, was wir zum Frieden brauchen. P. nennt jeweils das Wort.

1. Zuhören – verstehen

FRIEDE + Baustein zum Frieden: ZUHÖREN – VERSTEHEN
Gib uns deinen Geist des Hörens,
dass wir in unseren Familien wieder lernen, einander wirklich zuzuhören.

Lass uns achtsam sein, damit wir verstehen,
was der andere uns
sagen will.

Ruf Komm, Herr Jesus, gib uns deinen Frieden
(Melodie siehe: 3. Bereitet dem Herrn den Weg – Fürbitten)

2. Vergeben FRIEDE + Baustein zum Frieden: VERGEBEN
Gib uns deinen Geist der Vergebung,
dass wir von ganzem Herzen vergeben
und einander nichts nachtragen.

3. Mut FRIEDE + Baustein zum Frieden: MUT
Gib uns deinen Geist des Friedens,
dass wir uns nicht abfinden mit Mord und Totschlag,
mit Hass und Ungerechtigkeit.
Lass uns nicht wegschauen,
sondern mutig für deinen Frieden eintreten.

4. Liebe FRIEDE + Baustein zum Frieden: LIEBE
Gib uns deinen Geist der Liebe,
dass wir an der Not anderer Menschen nicht vorübergehen.
Lass uns uneigennützig helfen und teilen.

5. Freude FRIEDE + Baustein zum Frieden: FREUDE
Gib uns deinen Geist der Freude,
dass wir unseren Kindern die Freude am Glauben weitergeben können.

6. Einsatz wagen
FRIEDE + Baustein zum Frieden: EINSATZ
Gib uns deinen Geist der Erkenntnis,
dass wir da sind, wo du uns brauchst,
im Einsatz für deine Kirche, im Eintreten für das Recht,
im Kampf gegen Hunger und Not.

Gabenbereitung

Atme in uns, Heiliger Geist

(Gemeinschaft Emmanuel, in: Singe, Jerusalem, 5)

Sanctus

Wandlung

Mit großen Steinen, mit Friedenssteinen haben wir angefangen ein Haus zu bauen. Was ist in der Mitte dieses Hauses?

Ihr seht es: der Altar. Jesus schenkt uns seinen Frieden, auf diesen Frieden dürfen wir bauen. Denn er sagt: Ich liebe dich. Ich gebe mein Leben für dich und nehme deine Sünde, deine Angst weg. Wenn ich in eurer Mitte bin, werdet ihr Frieden haben.

Das feiern wir jetzt ...

Friedensgruß

Gebt einander ein Zeichen des Friedens

(Ch. Herbring, in: Mein Kanonbuch, Düsseldorf ^{2}1987, 128)

Dank

Mach dich auf, denn Gott will dir begegnen

T. u. M.: Kathi Stimmer-Salzeder

C F G C
1. Mach dich auf, denn Gott will dir be - geg-nen
a D7 G
in den Men - schen neu an je - dem Tag.

2. Mach dich auf, denn Gott will dich gewinnen
für die Hoffnung neu an jedem Tag.
Mach dich auf mit allen deinen Sinnen,
Gott ist da, wo eins das andre mag.

3. Mach dich auf, denn Gott will auf dich bauen
seinen Frieden neu an jedem Tag.
Mach dich auf, verlass dich voll Vertrauen:
Gott ist da, wo eins das andre mag.

4. Mach dich auf, denn Gott will in dir leben
seine Freude neu an jedem Tag.
Mach dich auf, so darfst du fröhlich geben,
Gott ist da, wo eins das andre mag.

Schluss Herr, wir bitten, komm und segne uns
(Gesangbuch der Ev. Kirche im Rheinland 1996, 607)

11. Der Schatz im Acker

Das Wort der Verkündigung Mt 13,44

Mit dem Himmelreich ist es wie mit einem Schatz,
der in einem Acker vergraben war.
Ein Mann entdeckte ihn, grub ihn aber wieder ein.
Und in seiner Freude verkaufte er alles, was er besaß,
und kaufte den Acker.

Dieses Gleichnis ist so kurz wie geheimnisvoll. Was haben wir denn am Schluss? Wir können uns den Acker, den grabenden Mann, die Freude und das Geschäft vorstellen, aber den Schatz? Es bleibt auch im Dunkel, warum er den Schatz nicht sogleich mitnimmt, sondern wieder eingräbt. In diesem Gleichnis liegt eine große Bewegung. Sehnsucht und Neugier kommen nicht zur Ruhe. Der Schatz?

Wir kommen in Bewegung

Schauen wir genau hin, dann ist das Himmelreich kein Schatz, sondern es ist *wie mit* einem Schatz. Wo wir sachlich hingreifen, einen Schatz nach Hause tragen, ihn festmachen möchten, da kommen wir in eine *Bewegung*; unsere Haltungen, Einstellungen, unser Handeln kommen ins Spiel. Das Himmelreich kann man nicht haben, es hat uns.

Der Mann entdeckt den Schatz im Acker. Da er nicht als romantischer Schatzsucher dargestellt wird, ist es wahrscheinlicher, dass er als Knecht bei der Arbeit, im »Alltagsgeschäft«, einen Schatz entdeckt. Vom Bild des Grabens und Vergrabens her ist die Überlegung moderner Investoren auch abwegig, er denke, der gute Boden sei Gold wert, da liege noch totes Kapital. Uns kommen nun die juristischen Fragen: Wem gehört der Schatz? Wen muss der Knecht unterrichten? Kann er den Acker einfach mit einem Vorteilswissen kaufen? Weil alle diese Fragen nicht gelöst sind, bleiben wir gern stehen, träumen von dem Schatz, der überhaupt nicht beschrieben wird, träumen von unserem Schatz und … nichts passiert.

Sich frei machen

Der Mann aber ist von großer Freude erfüllt, von solch großer Freude, dass er alles verkauft, um den Acker zu kaufen, in dem der Schatz liegt. Den Schatz hat er entdeckt, kann ihn aber nicht kaufen. Das scheint hier zum Begriff zu gehören: einen »Schatz entdecken« – anders beim Händlergleichnis, wo Perlen zu kaufen sind. *Alles dafür verkaufen* – das ist die Bewegung, die der entdeckte Schatz auslöst. Der Schatz bleibt ein verborgenes Geheimnis, wird wieder eingegraben, nicht aufgerissen, abgeschätzt, aufgewogen, kalkuliert; aber er bewegt den Mann, dass er freiwillig arm wird, sich frei, seine Hände leer macht, um sich für den Schatz vorzubereiten.

Offen für einen Schatz?

Wie groß muss ein, muss der Schatz sein, für den ich alles in die Waagschale werfe? Im Gleichnis bleibt der Schatz verborgen. Jesus argumentiert nicht mit Gewinn, mit Einsicht und Vernunft, überredet nicht wie ein Vertreter, malt den Schatz nicht aus, sondern führt uns vor die Frage einer inneren Bereitschaft. Das Gleichnis hängt zusammen mit der ganzen Person Jesu, mit seinem Wirken und Reden. Der Schatz ist *verborgen und offenbar* in Jesus Christus. Machst du dich frei und leer, arm, um mich zu gewinnen? Den *wieder und immer noch verbogenen Schatz*, den verborgenen Reichtum Jesu Christi, kann ich nicht kalkulierend, berechnend gegen die Güter meines Lebens stellen. Diese Dunkelheit, dieses Wagnis lässt mich noch ursprünglicher fragen: Bin ich in meinem Leben und Alltag überhaupt noch offen, einen Schatz zu entdecken? Ohne eine tiefe, existentielle Sehnsucht, ohne eine Freiheit für Gott werde ich einen Schatz, der allein mich erfüllen könnte, nicht entdecken. Unsere Schätze sind nur Zugewinn und ersetzbare Zusätze, »noch etwas mehr«, aber nicht das Ganze.

Für die ganzheitliche Gestaltung des Gleichnisses in der Liturgie ist zu fragen: Was soll verkündet werden? Das angesprochene Leben und die Bilder sind sehr handgreiflich, wirklich »*außen*«, die Botschaft aber ist ganz »*nach innen*« gewendet. Es geht um eine existentielle Bewegung des Herzens. Den Schatz schauen wir nicht, ein Geheimnis. Die große Freude ist keine Ausgelassenheit, Klatschen und Tanz, sie ist innerliche Ergriffenheit. Alles zu verkaufen ist keine Bankangelegenheit, es entspricht einer Schau des Kostbaren und der Liebe zu Christus, die ebenfalls ein personales Geheimnis ist. Alles Innere aber wird Konsequenzen haben. Wer sein Herz an Christus verliert, hat eine Freiheit, in der er die Welt und sein Leben auf eine neue Art gestalten wird.

Der Grundklang des Gottesdienstes wird daher *der Weg nach innen* sein.

In der VERSAMMLUNG tragen wir »Schätze« zusammen, ohne Urteil, so wie die Menschen sie sehen. Das wird oft modisch sein. Jetzt aber ist es so. »Kostbar« ist sehr unterschiedlich, sehr individuell, muss auch nicht für jeden nachvollziehbar sein: Ich habe es gern, ich hänge Zeit daran, es erfreut mich … Die entscheidende Haltung, die Zuwendung oder Bindung soll aber klar benannt werden: *Das ist mir wichtig, daran hänge ich.*

Zum KYRIE hin beginnen wir den *Weg nach innen* zu gehen. Das verborgene Schatzkästchen wird noch tiefer verborgen. Wir sollen in uns nach innen gehen dürfen, um zu erahnen, dass es tiefere Schätze gibt als jene, die wir heute kaufen und morgen wegwerfen.

TIEFER SCHAUEN – so bereiten wir den Schatz vor, der verborgen ist und wieder eingegraben wird. Es ist gut darauf zu achten, dass der Schatz nicht allgemein und von außen durch Benennen *sachlich* festgelegt wird, wenn auch jeder sich individuell seine Vorstellung macht. *Das Geheimnis hüten!* Dazu hilft das verinnernde Öffnen und noch mehr das Schließen, damit jeder es für sich als Geheimnis bewahren kann. Die Verinnerung braucht ihre Zeit, sie ist ein durchaus ungewohnter Weg. Tiefe Sehnsucht ist immer tief vergraben. An der Oberfläche liegt das Sachliche, in der Tiefe erst zeigen sich *personale* Beziehungen.

Die Rahmenerzählung zum EVANGELIUM stellt das Himmelreich in den Zusammenhang der *Freude* an Jesus, der so viel Gutes tut. Die wachsende und immer innigere Freude an Jesus lässt uns handeln. So beginnt sein Reich unter uns zu wachsen. Die Bedürfnisse und Ängste, die uns raffen, besitzen und fest halten lassen, werden verschwinden, weil das Herz voll ist.

Im Gleichnis sind die Freude und die Freiheit für das Reich Gottes angesprochen. In der Liturgie bringen wir auch eine Wirkung ins FÜRBITTGEBET: Erfüllt von der Freude, *handeln* wir dem Herrn entsprechend und *bringen* Freude.

Im FRIEDENSGRUSS »machen« wir uns in der Gestik nochmals frei, um einander den Frieden des Reiches Gottes zu wünschen.

Die Liturgie

Vorzubereiten

- ❒ vor dem Altar ein Tisch mit einem kostbaren Tuch bedeckt, darauf werden später die Schätze der Kinder gelegt
- ❒ auf dem Altar ist auf einer Seite ein braunes Tuch ausgebreitet
- ❒ an einem anderen sichtbaren Ort liegt der verborgene Schatz auf einem Kissen, alles in ein braunes Tuch eingeschlagen
- ❒ 4 weitere braune Tücher liegen bereit

Eingang Singt Gott, jubelt ihm

T. u. M.: Kathi Stimmer-Salzeder

D G D e G
KV: Singt Gott, ju - belt ihm, denn er wird un-ser
h G D G H7
Ret - ter sein. Singt Gott, ju - belt ihm,
e G A7 D
denn er wird uns al - le be - frein.
D D h7 e
1. Wer Oh - ren hat der tu sie
A D
auf es singt die
fis H G A7 D
gan - ze Welt: Singt Gott, ju - belt ihm!

2. Öffne den Mund, du darfst nicht schweigen
   Zeig deine Freude, sing: Singt Gott jubelt ihm!

3. Öffne die Augen und schau um dich
   und alles um dich her singt: Gott, jubelt ihm.

4. Ein jeder singt, unser Lied, es klingt,
   denn Freude ist in uns: Singt Gott, jubelt ihm!

5. Wenn einer fragt, geht hin und sagt:
   Gott führt zur Freude hin. Singt Gott, jubelt ihm!

Begrüßung und Hinführung

P.	(Einführung: uns ist etwas wichtig und kostbar) Wir haben uns auf den Weg gemacht, sind zur Kirche gekommen mit dem Auto, dem Fahrrad, zu Fuß. Dafür haben wir zu Hause etwas zurückgelassen, etwas aus der Hand gelegt ... Hat jemand schon mit einem Spiel aufgehört, es abgebrochen, ... oder habt ihr den gemütlichen Frühstückstisch schnell abgeräumt ...? Es ist nicht schön, wenn wir am Sonntagmorgen schon hetzen. Das gemeinsame Frühstück am Sonntagmorgen ist doch wichtig, manchen Leuten ist es fast heilig, ganz kostbar, kostbar für die Familie ... Vor unserem Altar steht heute ein Tisch, mit einem kostbaren Tuch bedeckt. Darauf tragen jetzt einige Kinder etwas, das ihnen kostbar und wichtig ist »wie ein Schatz«. ❍ *Kinder unterschiedlichen Alters tragen ihre »Schätze« nach vorn.*
Diddle-Maus	Dies ist meine Diddle-Maus. Ich habe sie mir so gewünscht. Jetzt ist sie mein größter Schatz.
Computer	Das ist die Tastatur meines Computers. Ein Leben ohne Computer und Computerspiel kann ich mir nicht mehr vorstellen.
Edelstein	Ich sammle alle schönen Steine. Das sind meine Schätze.
Puppe	Dies ist meine Baby Born. Ohne sie kann ich nicht einschlafen.
Buch	Mein größter Schatz sind meine Bücher. Sie schmücken mein Zimmer. Ich lese jeden Tag.
Fußball	Ich habe meinen Fußball mitgebracht. In jeder freien Minute suche ich jemand, der mit mir Fußball spielt.
Ein Kind	Wir haben euch einige von unseren Schätzen gezeigt. Und was sind eure Schätze. Woran hängt euer Herz?
P.	Woran hängt euer Herz? Woran hängt mein Herz? ... Manchmal sind solche Schätze sehr verborgen, versteckt. Wir träumen davon, wir sprechen nicht darüber. Wir lassen andere nicht hineingucken. Sie sind nur unsere Schätze – wie ein Herzensschatz. Sie sind unser Geheimnis. Ich habe auch einen Schatz, etwas, das mir sehr wichtig ist.

❍ *P. trägt die Schatztruhe auf einem Kissen, beides in ein braunes Tuch gehüllt, auf den Altar.*

Da liegt er nun – und sieht doch nicht anders aus als ein kleiner, brauner Hügel, ein unscheinbarer Erdhaufen. Was soll das für ein Schatz sein?

Kyrie

Wenn wir den Schatz ergründen wollen, müssen wir in die Tiefe gehen. Mit jeder Frage gehen wir tiefer, Schicht um Schicht, gehen ins Verborgene, wohin wir selten schauen.

Lektor — Auch wir Erwachsenen haben unsere Schätze.
Da sind Menschen, die uns kostbar, wertvoll sind, die uns über alles gehen, zuerst unsere eigenen Kinder, unsere Familie.
Andere investieren alle Kraft und Phantasie in ihr Hobby.
Ein anderer verliert sein Herz an ein teures Auto,
eine andere an flotte und immer neue Kleider.
Kinder und Große, wir alle haben einen Schatz, etwas, das uns wichtig und kostbar ist.
Können wir immer unterscheiden zwischen Wichtigem und Unwichtigem?

❍ *Ein Tuch wird über den »Erdhaufen« gelegt.*
Dieses Tun muss auch – verinnernd – angesagt werden,
weil nicht alle es beobachten können!!

P. — Ein braunes Tuch wird über unseren kleinen braunen Erdhügel, Erdhaufen gelegt.
Es ist, wie wenn wir ein Geheimnis einhüllen, etwas Kostbares verbergen. Jetzt ist das Geheimnis noch tiefer verborgen.

Lektor — Manchmal nehmen uns die Dinge, die wir besitzen oder besitzen möchten, gefangen.
Wir sind so sehr davon eingenommen,
wir sind so verrückt danach, dass wir rücksichtslos werden.
Wenn jemand uns dabei stört, in die Quere kommt, kennen wir kein Pardon.

❍ *Ein weiteres Tuch wird über den Erdhügel gebreitet und angesagt! – Pause.*

Lektor — Ein Schatz ist kostbar, wir wollen ihn oft nur für uns allein haben. Wir verlieren den Blick für die Bedürfnisse und Wünsche anderer.
Vielleicht genießen wir es sogar, dass uns andere beneiden, weil sie nicht haben, was wir haben.

❍ *Ein weiteres Tuch wird über den Erdhügel gebreitet und angesagt! – Pause.*

Lektor — Ist in unseren Herzen noch Platz für das Wesentliche?
Ist noch Platz für unsere Mitmenschen, die Geschwister, die Eltern?
Ist noch Platz und Zeit für Gott und sein Reich?

❍ *Ein weiteres Tuch wird über den Erdhügel gebreitet und angesagt! – Pause.*

P. — Weil uns das, was uns kostbar ist, manchmal egoistisch macht, hartherzig, eng oder verbissen, oder weil wir dabei die anderen Menschen vergessen, müssen wir Gott um sein Erbarmen bitten.

Kyrieruf — Kanon: Herr, erbarme dich unser

Gloria — Gloria! Ehre sei Gott
(K. Stimmer-Salzeder, in: Lied der Hoffnung 3, 7)

Hinführung zum Evangelium

P. — Wir schauen unseren Erdhügel. Wie viele Schichten sind darüber. Was wird in der Tiefe sein? Wir können unser Augen zufallen lassen, damit wir in die Tiefe schauen können.

❍ *Harfenspiel. P. spricht langsam, behutsam.*

Wir gehen in die Erde, schauen in die Erde.
Was können wir sehen? …
Oder ist es dunkel, so dass wir nichts sehen?

Müssen wir noch tiefer gehen? ... Schritt um Schritt ...
In der Tiefe ist es still ... Ich schaue allein für mich ...
Was sehe ich? Nur ich kann es jetzt sehen ...
Es ist nur für mich – wie ein Geheimnis ein Schatz ...
(Augen öffnen, Frage an die Kinder, Antworten)

❍ *2 Kinder decken die Tücher ab und legen diese neben den Schatz, so dass viel »Erde« um den Schatz liegt.*

P. Eine Schatztruhe sehe ich. Sie ist verschlossen ...

❍ *P. kann die Schatztruhe auf dem Kissen etwas erheben und zeigen.*

Was mag in der Schatztruhe sein?

Verinnerung

P. Was mag darin sein? Damit wir gut das Verborgene schauen können, schließen wir wieder die Augen.
Wir nehmen den Schlüssel, stecken ihn in das Schloss, drehen ihn um, langsam öffnen wir den Deckel

❍ *Glockenspiel*

und schauen hinein ... Leuchtet darin etwas? Glänzt es?
Macht es uns froh? Wird unser Herz still? ... Wir schauen hin ...
Jetzt müssen wir den Deckel langsam wieder schließen ...
Wir schließen zu ... Was habe ich gesehen? –
Wir öffnen die Augen wieder.

❍ *Jetzt nichts erfragen!! Wir haben den Schatz, den wir gesehen haben, wieder verborgen. Wir lassen ihn dort, er ist ein Geheimnis, das wir im Herzen bewahren können.*

Wir haben einen Schatz.

❍ *Gestik. P. macht die Gestik selbst, lädt die Kinder einmal ein, es mitzumachen, geht dann aber konsequent, behutsam weiter. Erste Gestik: die Hände bergen den Schatz.*

Wir haben ihn aufgedeckt,

❍ *Gestik: die Hände öffnen.*

wir haben ihn angeschaut

❍ *Gestik: in die Hände schauen.*

und ihn wieder verborgen.

❍ *Gestik: Hände langsam schließen.*

Jetzt müssen wir ihn im Herzen bewahren.

❍ *Gestik: die zusammengelegten Hände ans Herz führen.*

Evangelium

P. Ich möchte euch von Jesus erzählen.

❍ *Kerze entzünden*

Rahmenerzählung

Jesus geht durch das Land, wo die Menschen wohnen, arbeiten, sich abmühen und auch feiern ...

❍ *P. zieht mit der Kerze um den Altar.*

Viele Menschen gehen mit ihm. Sie sehen, was Jesus tut, wie er die Kranken heilt, den Hungrigen das Brot austeilt, die Traurigen froh macht. Sie staunen.
Jesus sagt: Ich bringe euch das Reich Gottes.
Da fragen die Menschen: Das Reich Gottes? Was ist das Reich Gottes? Jesus sagt: Es ist das Königreich Gottes, die Herrschaft Gottes.
Da fragen die Menschen weiter: Können wir es verpassen, wenn es kommt? Wann kommt es? Wie kommt man in das Reich Gottes hinein? Was muss man dafür tun?
Viele Fragen, und Jesus antwortet den Menschen.

❍ *Kerze wird zur Schatztruhe gestellt.*

Prozession mit dem Evangeliar (Mt 13,44)

Jesus sagt: Mit dem Himmelreich ist es wie mit einem
Schatz, der in einem Acker vergraben war.
Ein Mann entdeckte ihn, grub ihn aber wieder ein.
Und in seiner Freude verkaufte er alles, was er besaß,
und kaufte den Acker.

Kurze Auslegung (z.B. in diesem Sinne)

Was hat Jesus gesagt? (Wiederholen)
Was hat der Mann wohl gesehen? ... Wir wissen es nicht, es wird nicht verraten. Es ist ein Geheimnis.
Aber eines wissen wir: Es hat ihn unendlich froh gemacht.
Was muss das für eine große Freude sein, dass er alles verkauft, *alles weggibt*, um den Acker mit diesem Schatz, den sonst niemand kennt, zu kaufen?
Eltern sagen: für unsere Kinder geben wir alles, wenn sie nur gesund sind und gut heranwachsen ...
Das Kostbarste – ist es Gold?
Ist es die Mama, der Papa ...?
Das Kostbarste ist manchmal ganz klein, ich kann es nicht einmal mit den Händen halten,
ich kann es nur mit dem Herzen schauen, mit dem Herzen besitzen.
Du kannst es nicht kaufen und nicht bezahlen,
du kannst es *nicht noch dazu haben, noch etwas mehr* – im Gegenteil, du musst etwas von dir selbst *weggeben*, damit du Platz für diesen Schatz hast, für diese Freude ...
entweder das eine oder das andere,
nicht alles ..., sondern das Eine ...
Sind wir Jesus schon so nahe, dass er unsere große Freude ist? Sein Reich ist eine große Freude.
Diese Freude verwandelt uns und unsere Welt.
Wenn die Freude über Jesus in uns ist, kann dann noch Streit in uns sein? Kann dann noch Habgier sein? Haben Neid und Ichsucht noch Platz?

Fürbitten

P. Jesus, du bist gekommen, um uns das Reich Gottes zu bringen.
Wir bitten dich für uns alle, die wir sooft dein Reich nicht als unseren größten Schatz erstreben.

Ruf Komm, Herr, du bist unsere Freude!

1. Dass wir uns mehr Zeit zum Gebet und zum Besuch des Gottesdienstes nehmen und dafür anderes bewusst liegen lassen.

Ruf Komm, Herr, du bist unsere Freude!

2. Dass wir freundlich, achtsam und hilfsbereit miteinander umgehen, und nicht immer an uns selbst denken.

Ruf Komm, Herr, du bist unsere Freude!

3. Dass wir nicht nur nach materiellen Werten streben und immer noch mehr besitzen wollen,
dass wir die Habgier loslassen
und immer wieder still werden
und in die Tiefe schauen, worauf es ankommt.

Ruf Komm, Herr, du bist unsere Freude!

4. Dass wir froh und dankbar sind, Christen zu sein, zu dir zu gehören.
Sei du unser Schatz, dann werden wir auch anderen Freude bringen.

Ruf Komm, Herr, du bist unsere Freude!

5. Dass wir Neid und Missgunst loslassen,
dass wir dich, Jesus, wirklich lieben und darum Frieden stiften, uns verstehen und vertragen.

Ruf Komm, Herr, du bist unsere Freude!

P. Lass dein Reich wachsen unter uns. Du, Herr Jesus, bist das größte Gut. Sei gepriesen in Ewigkeit.

Gabenbereitung Segne mein Herz

T. u. M.: Kathi Stimmer-Salzeder

2. Dass ich dem verzeihe,
der mir Böses tut,
dem, der voller Sorgen ist,
schenk' mit mir neuen Mut.

3. Dass ich Freude bringe,
dort, wo keiner lacht.
Lass durch mich die Menschen spür'n,
Du hast an sie gedacht.

Sanctus

Vaterunser

❍ *Wenn ein Kreis gebildet werden kann, versammeln sich die Kinder um den Altar.*

Friedensgruß

P. P. nimmt das große Messbuch in die Hände.

Ich möchte jetzt N., der neben mir steht, den Frieden wünschen, ich möchte ihm die Hand zum Friedensgruß geben ...
Das geht irgendwie nicht ...
Ich muss zuerst das Buch aus der Hand legen, ... ich muss alles aus der Hand legen, sonst ist die Hand nicht leer für seine Hand, sonst kann ich ihm nicht die Hand geben ...
Wenn wir einander finden, begegnen wollen, wenn wir den kostbaren Frieden miteinander haben wollen und so das Reich Gottes da sein soll, dann müssen wir vieles weggeben, vielleicht manches Geld, Eitelkeit und Stolz und die Vorwürfe gegeneinander und die geballte Faust ... oder was uns gerade so wichtig ist ...
Wir öffnen unsere rechte Hand und singen es einander zu: Meine Hand ist offen.
Dann legen wir unsere linke Hand in die offene Hand des Nachbarn: Fülle sie mit deiner Hand.

Lied Meine Hand ist offen

T.: Esther Kaufmann; M.: Franz Mitterreiter

G a
Mei - ne Hand ist of - fen,
D G
mei - ne Hand ist leer:
C D
Fül - le sie mit dei - ner Hand.
C D G
Frie - de sei mit dir!
Le - ben sei mit dir!
Lie - be sei mit dir!
Je - sus sei mit dir!

Dank Gib mir Liebe ins Herz (in: Troubadour, 9)

Ausgang Dass du mich einstimmen lässt (in: Troubadour, 135)

12. Die Lilien auf dem Feld

Das Wort der Verkündigung Mt 6,25–33

Deswegen sage ich euch: Sorgt euch nicht um euer Leben und darum, dass ihr etwas zu essen habt, noch um euren Leib und darum, dass ihr etwas anzuziehen habt. Ist nicht das Leben wichtiger als die Nahrung und der Leib wichtiger als die Kleidung?
Seht euch die Vögel des Himmels an: Sie säen nicht, sie ernten nicht und sammeln keine Vorräte in Scheunen; euer himmlischer Vater ernährt sie. Seid ihr nicht viel mehr wert als sie? …
Und was sorgt ihr euch um eure Kleidung?
Lernt von den Lilien, die auf dem Feld wachsen: Sie arbeiten nicht und spinnen nicht. Doch ich sage euch: Selbst Salomo war in all seiner Pracht nicht gekleidet wie eine von ihnen.
Wenn aber Gott schon das Gras so prächtig kleidet, das heute auf dem Feld steht und morgen ins Feuer geworfen wird, wie viel mehr dann euch, ihr Kleingläubigen!
Macht euch also keine Sorgen und fragt nicht: Was sollen wir essen? Was sollen wir trinken? Was sollen wir anziehen? Denn um all das geht es den Heiden. Euer himmlischer Vater weiß, dass ihr das alles braucht.
Euch aber muss es zuerst um sein Reich und um seine Gerechtigkeit gehen; dann wird euch alles andere dazugegeben.

Eine schwere Rede

Ich stelle mir die Menschen seiner Zeit vor, fester als wir in die alltägliche Sorge eingebunden, ohne unsere Vorratshaltung, die Verfügbarkeit von allem zu fast jeder Zeit, ohne die staatliche Fürsorge. Andererseits ist unser sattes, gesichertes Leben nur möglich, wenn wir uns um all das *sorgen*, dafür schuften, uns mühen, weil als erster Leitsatz auf dem täglichen Arbeitsplan steht: Von nichts kommt nichts!

Schwere, unglaubliche, unseren Lebensalltag sprengende Worte! Kleine Zugeständnisse machen wir wohlund geben zu: »Ja, es ist wahr, manchmal sorgen wir zu viel.« Eine andere sagt: »Ich bin eben ein ängstlicher Charakter.« »Außerdem macht man so seine Erfahrungen.« »Hilf dir selbst, dann hilft dir Gott.«

Sollen wir die Rede Jesu zurechtstutzen, unterscheiden in ein »erlaubtes« Maß an Sorgen und ein übertriebenes Maß? Oder »ein wenig mehr« Gottes Reich? Was ist Gottes Reich? »Zuerst« Gottes Reich? – Das genau ist zu viel, das geht am Leben vorbei!

Oder sollten wir wirklich sorglose Menschen werden, die gerade mit dem zufrieden sind, was ihnen »zufällt«, um dann eine Last für die anderen zu werden, die »gesorgt«, gesammelt, vorgesorgt haben? Sorglos – würden nicht die Kinder verwahrlosen, die Häuser zu Behausungen verkommen, alle Kultur verflachen? Fragen über Fragen. Vielleicht bleibt ein Stachel im Fleisch: »zuerst Gottes Reich und seine Gerechtigkeit«.

Das Zeugnis der Menschen

Bei so vielen Einwänden wundert es zugleich, wie viele Menschen in schweren Zeiten sich gerade an dieses Wort Jesu erinnerten und es lebten in der Not des Hungers, in Krankheit, in der Sorge um die Familie, unter der Last der Verantwortung für andere. »Gott wird sorgen!« Sie gaben das Letzte, vom eigenen Munde abgespart und aufbewahrt, gaben dem, der noch weniger hatte, und wussten nicht, was Morgen sein wird. »Gott wird schon sorgen!«, sagten sie mit heiterem Herzen.

Mit Jesus vor Gott leben

Mit seiner Rede nimmt uns Jesus mit in sein kindliches Vertrauen zu Gott, dem himmlischen Vater, zu seinem Vater. Es ist klar dieselbe Haltung, in die er uns einweist: »So sollt ihr beten: Vater unser im Himmel, unser tägliches Brot gib uns heute.« Merkwürdig, dieses Gebet geht allen leicht von den Lippen! Gedankenlos?

Was offenbart uns Jesus? Zunächst dies: Das Reich Gottes hängt mit *seiner Beziehung zu seinem Vater* zusammen. Lassen wir Gottes Reich ankommen, dann werden auch wir mit Christus in eine persönliche Beziehung zu Gott, dem Vater im Himmel, kommen, die Gabe und Aufgabe ist, Wort und Antwort. Hinwendung zu Gott und Geborgenheit bei ihm gehören zusammen.

Wollen wir vom Reiche Gottes verkünden, werden wir uns folglich mühen, etwas von Gottes Wirken aufscheinen zu lassen, Gottes Spur zu entdecken. *Gott wirkt in unser Leben hinein.* Er ist am Werk. Unser Leben ist Gabe. Ihn »zuerst« zu suchen, heißt manchmal: Er ist der Letzte und das Tiefste, das mich trägt, nicht Zutat, sondern haltender Grund. Gottvertrauen – sodass ich mich zu leben traue.

Das Schauen in Sorglosigkeit

Jesus deckt seine Gottesbeziehung für uns auf, indem er uns »*hinsehen*« lässt. Er tut genau das nicht, was wir tun. Wir suchen vernünftige Argumente für Vertrauen und Sorglosigkeit, die uns dann wieder »absichern«. Er aber sagt: »Lernt von den Lilien!« Wenn einer sie nicht wahrnehmen kann, nicht sieht, dass sie viel schöner sind als der große König Salomo mit aller seiner Pracht, dann ist ihm dieses Gottvertrauen verschlossen. Er kann die schöpferisch sorgende, gebende Nähe Gottes nicht wahrnehmen.

Der ängstlich Sorgende betrachtet die Dinge nach ihrem Gewinn und Nutzen, dem Konsumwert, und wie sie das Leben morgen sichern. Kann er so den Dingen und Menschen »wirklich« begegnen? Können sich ihm die Dinge in ihrer Art und Schönheit *als von Gott gegeben* zeigen? Kann er empfangen? Wie soll er dann den Geber preisen und ihm vertrauen? Er wird sich auf seinen Durchblick und sein Management verlassen.

Gott entsprechen – Sorgsamkeit

Es gibt einen, der sorgt: Gott. Er trägt in schöpferischer Sorge unser Leben. Diese Sorge ist nicht Angst und Gewinnsucht, sondern Gabe, *Teil-gabe am Leben.* Dieser »Sorge« öffnen wir uns, wenn wir »hinschauen« und das Schöne entdecken, das Abbild des Schöpfers. Die Sorglosigkeit verlangt »*Sorgsamkeit*«, den sorgsamen, sorgfältigen Umgang mit den Dingen, mit der Gabe. Nicht die Wegwerfgesellschaft, die sich um das Morgen nicht kümmert, ist »gott-gerecht«, sondern das achtsame Hüten und Bewahren, der wache Blick und die Ehrfurcht vor allem, was ist, entspricht *Gottes Liebe und Ja zum Leben.* Der staunende und sorgfältige Mensch erspürt auch die Verletzbarkeit der Dinge und des Menschen und weiß um die Unverfügbarkeit der Gabe Gottes. Darum lebt er in *Dankbarkeit.* So Gottes Zuwendung und Schöpfersein entsprechend, sucht er Gottes Gerechtigkeit, lebt er in ihr, lässt sich ein in seine Bundestreue, die das Leben gibt.

Noch einmal: gelebtes Zeugnis

Von diesem Vertrauen, dass Gottes Liebe zuerst und zuletzt alles trägt und hält, reden wir schweigend, wenn wir unseren Kranken Blumen bringen. Sieh, wie schön sie sind! Bist du nicht mehr wert? Alles, besonders aber das, was wir endlich nicht mehr besorgen und versorgen können – alles ist bei Gott, dem himmlischen Vater, geborgen.

Die ganzheitliche Gestaltung

Die ganzheitliche Gestaltung orientiert sich am *hinweisenden Wort Jesu*: »Seht die Blumen, wie schön sie sind.« Nicht eine Theologie der Gnade oder der Vorsehung Gottes wird dargelegt, sondern eine Haltung des Vertrauens und Hoffens, weil wir Gott am Werk sehen. *Staunen und Freude* über die nahe Größe Gottes, des Vaters im Himmel.

Die VERSAMMLUNG führt uns in die Jahreszeit, in das geschenkte Leben, in die Natur. Das Spiel lässt schauen, träumen und versammelt uns.

Im KYRIE wenden wir uns unserem Herrn zu, der uns nahe kommt, mit dem wir aber auch lobend zum Vater hintreten.

Vor dem EVANGELIUM bereiten wir die Haltung, dass *der Sorglose der Sorgfältige* ist, der staunend Gottes Spur und Gegenwart entdeckt, vor. Wir »schauen« die Blumen, erfahren ganzheitlich ihre Schönheit und Zartheit in einer gleichzeitigen personalen, guten Begegnung. Diese Erfahrung und teilnehmende Beobachtung ist der Boden für das Evangelium und zugleich eine erste wesentliche lebensnahe *Auslegung.*

Vor der WANDLUNG kann der Hinweis gegeben werden, dass auch der Herr sein Vertrauen in den Vater bewähren musste, als er in den dunklen Garten ging. Jetzt feiern wir das, die Nacht, in der er verraten wurde. Da stiftete er den neuen Bund, damit wir leben.

Der FRIEDENSGRUSS bietet sich nochmals an, die achtsame Zuwendung, ohne Angst, Herrschsucht und Absicherung, in der Gestik zu vollziehen.

Vorzubereiten

- ❒ 2 grüne Tücher
- ❒ Strauß Gartenblumen in einer Vase
- ❒ große Kerze
- ❒ Evangeliar

Eingang Singt dem Herrn ein neues Lied (GL 268)

Begrüßung

P. Liebe Kinder, liebe Eltern und Gemeinde,
wir sind zur Kirche aufgebrochen, haben einen Weg zurückgelegt. Was haben wir unterwegs gesehen?
Wir wollen es nicht aufzählen. Ich frage vielmehr: Habt ihr auch gemerkt, dass Sommer ist? ... Im Herbst, und erst im Winter sieht es draußen ganz anders aus.
Jetzt möchte ich mit euch in den Sommer gehen.

Anschauung Wiese

❍ *1 oder 2 grüne Tücher werden auf einem Tisch vor dem Altar oder auf einer Altarseite ausgebreitet.*

P. Nun ist es grün wie auf einer Wiese. Wir sehen das Gras.

❍ *P. spielt mit den Fingern in der Wiese: Grasspitzen, Bewegung und Ruhe, Käfer ... Die Sätze mit Gestik begleiten.*

Kleine Spitzen wachsen empor. In der Sonne wird das Gras höher, die Halme wiegen sich im Wind. Manchmal lässt der Wind nach, dann stehen auch die Gräser still. Kein Hauch rührt sich. Auf den Halmen krabbeln Käfer, ... eine Spinne spinnt ihre Fäden.
Wenn es regnet, zittert das Gras, es beugt sich, manchmal liegt es platt da. Wenn die Sonne wieder warm scheint, richtet es sich auf ...

Kyrie

P.	Eine grüne Wiese lässt uns fast schon von Ferien träumen. Viele möchten aus dem grauen Alltag aufbrechen, wieder durchatmen, frei sein von den Sorgen des Alltags, spielen und ausruhen, wieder neu leben. Lasst uns Jesus Christus um sein Erbarmen bitten.
1. Kind	Herr Jesus, du bist Mensch geworden, in allem uns gleich. Du hast Hunger und Durst, Arbeit und Mühe gekannt.
Ruf	Herr, erbarme dich.
2. Erw.	Herr Jesus, du bist gekommen, um uns aufzurichten und die Last der Sünde von uns zu nehmen. Du bist unser Leben.
Ruf	Christus, erbarme dich.
3. Kind	Herr Jesus, du hast den Vater im Himmel gepriesen, der alles wunderbar geschaffen hat. Mit dir wollen auch wir Gott, den Vater, preisen.
Ruf	Herr, erbarme dich.

Gloria

Tagesgebet

Anschauung Blume

P. Noch liegt die Wiese vor uns. Das Gras haben wir wachsen sehen. Auf unserer Wiese steht nicht nur das grüne Gras, wenn wir gut hinschauen, dann sehe ich noch etwas anderes.

❍ *Gestik: Mit beiden Händen eine Knospe darstellen, die sich langsam öffnet.*

Blumen blühen auf unserer Wiese.

❍ *Strauß Wiesenblumen wird auf die grüne Weise gestellt.*

Bunte Blumen, verschiedene, kleine und große, manche wachsen hoch hinauf, recken den Kopf, andere sind klein und wie versteckt.

Ich möchte euch die Blumen zeigen – auf eine besondere Weise.

❍ *Ein Kind wird vorgerufen, stellt sich vor die Kinder (vor den Altar). Mit geschlossenen Augen wartet es.*

Du lässt deine Augen zufallen und träumst von einer schönen bunten Wiese. Blumen stehen in der warmen Sonne ...

❍ *Es wird zart mit einer Blume an der Hand angerührt.*
2 oder 3 Kinder werden so angerührt.
Alle bleiben nebeneinander stehen.

Wie ist die Blume?
Habt ihr etwas gespürt? ...
Zart ist sie,
sie kitzelt ein wenig.
Die Blume rührt dich
noch einmal an.

❍ *P. rührt ein Kind mit der Blume an.*

Du hast etwas gespürt.
Kannst du das dem Kind
neben dir mit deinen Fingerspitzen zeigen, ihm weitergeben?

❍ *Die Kinder geben die zarte Anrührung weiter.*

So zart rühren wir uns nicht immer an, da geht es bei uns anders zu. Boxen stoßen, raffen, an sich reißen, drücken, festhalten, zwicken ...
Die Blume aber ist zart und sagt: Sieh, wie schön ich bin.
Ich kann dir eine Freude machen.

Evangelium Mt 6,25–33

P. Wenn ich die Blumen sehe, möchte ich euch auch gern von Jesus erzählen. Jesus möchte uns die Augen öffnen.

❍ *Große Kerze wird entzündet.*
P. beginnt mit einer Rahmenerzählung.

Jesus geht durch das Land, von Dorf zu Dorf, er geht an den Wiesen und Feldern vorbei. Er schaut dem Bauern zu, der aussät, und später sieht er die reiche Ernte. Mehr aber sieht er die Menschen, die Not und Sorgen haben, die krank und traurig sind. Und er heilt sie. Er erzählt den Menschen von Gott. Gott ist euer Vater, der euch liebt, der euch in sein Herz geschlossen hat. – Das macht die Menschen froh. Sie versammeln sich gern bei Jesus.
Einige aber ruft Jesus: Kommt, und folgt mir! Tatsächlich, sie lassen alles zurück und folgen Jesus. Mit leeren Händen folgen sie ihm und freuen sich.
Doch manchmal machen sie sich Gedanken und fragen ängstlich: Wohin werden wir morgen gehen? Wer wird uns aufnehmen? Wo bekommen wir etwas zu essen? Und die Sandalen sind auch schon dünn. Was sollen wir anziehen? Sie machen sich Sorgen. – Was tut Jesus? Er bleibt an einer Wiese stehen.

❍ *Die Kerze wird zu den Blumen gestellt.*
P. holt das Evangeliar.

Verkündigung Mt 6,25–33

Jesus bleibt an einer Wiese stehen und sagt zu seinen Jüngern:
Sorgt euch nicht um euer Leben und darum, dass ihr etwas zu essen habt, noch um euren Leib und darum, dass ihr etwas anzuziehen habt. Ist nicht das Leben wichtiger als die Nahrung und der Leib wichtiger als die Kleidung? Seht euch die Vögel des Himmels an: Sie säen nicht, sie ernten nicht und sammeln keine Vorräte in Scheunen; euer himmlischer Vater ernährt sie. Seid ihr nicht viel mehr wert als sie? …
Und was sorgt ihr euch um eure Kleidung? Lernt von den Lilien, die auf dem Feld wachsen: Sie arbeiten nicht und

spinnen nicht. Doch ich sage euch: Selbst Salomo war in all seiner Pracht nicht gekleidet wie eine von ihnen.
Wenn aber Gott schon das Gras so prächtig kleidet, das heute auf dem Feld steht und morgen ins Feuer geworfen wird, wie viel mehr dann euch, ihr Kleingläubigen!
Macht euch also keine Sorgen und fragt nicht: Was sollen wir essen? Was sollen wir trinken? Was sollen wir anziehen? Denn um all das geht es den Heiden. Euer himmlischer Vater weiß, dass ihr das alles braucht.
Euch aber muss es zuerst um sein Reich und um seine Gerechtigkeit gehen; dann wird euch alles andere dazugegeben.

Zur Auslegung

Die Jünger machen sich Sorgen. Das könnt ihr Kinder vielleicht gar nicht verstehen, denn eure Eltern sorgen für euch. Wer in die Schule geht, weiß das schon eher. Die Eltern aber sagen: Allerdings machen wir uns Sorgen. Das Leben ist schwer und hart. Wer sich nicht sorgt, der ist ein Luftikus. Manchmal haben wir Angst um das Morgen.
Und Jesus sagt: Sorgt euch nicht um euer Leben.
Aber er sagt noch mehr. Was sagt er? Seht die Blumen auf der Wiese! Seht, wie schön sie sind.
Haben wir schon hingeschaut? Wie sind sie denn?
Wir erinnern uns. Sie stehen da, sie stehen einfach da, sie blühen und sind schön. Das genügt. Gott hat sie gemacht. Er ist am Werk.
Jesus sagt: Schau hin! Kannst du noch staunen, dass sie so schön sind? Siehst du, dass Gott am Werk ist?
Wie viele schwere Wege ist Jesus gegangen? Auf seinen Wegen hat er vertraut: Gott, mein Vater im Himmel, du bist am Werk. Du bist da.
Wenn die Sorgen groß und schwarz werden wie ein hoher Berg, dann blüht doch eine kleine Blume und erzählt vom Vater im Himmel, der am Werk ist.
Jetzt frage ich noch einmal: Sollen wir wie ein Luftikus sein?

Sollen wir sagen: Ach, ist doch alles egal? Wir nehmen, was wir brauchen, werfen weg, was nur angebrochen ist ...
Nein, Jesus sagt: Schaut hin, wie schön die Blumen sind.
Sei sorgfältig! Achte auf das Kleine! Wenn du sorgfältig bist, die Dinge hütest und pflegest, wenn du staunen kannst, dann siehst du, dass Gott, der Vater, am Werk ist.
Wann ist Gott nah? Wie kommt sein Reich?
Sieh die Blume, spür sie: sie hat uns zart angerührt wie liebe Fingerspitzen, zart, wie wenn einer es mit uns gut meint.
Wenn wir einander so begegnen, dann ist Gott nah, dann wächst sein Reich, seine Liebe.
So machen wir es, wenn jemand krank ist. Wir schenken ihm Blumen: Sieh die Blumen! Mach dir keine Sorgen. Gott ist nah.

Fürbitten

P.	Weil Gott unser Vater ist und wir in seiner Hand und Liebe geborgen sind, tragen wir ihm jetzt auch unsere Bitten vor.
1. Kind	Gott, du bist unser Vater! Schenke uns die Freude an deiner Schöpfung, an Pflanzen und Tieren. Wir wollen nichts mutwillig zerstören, sondern bewahren. Hilf uns, dass wir einander nicht wehtun.
Ruf	Das wünsch ich sehr (in: Mein Kanonbuch. München [2]1987, 56)
2. Eltern	Gott, du bist unser Vater! Wir bitten dich für unsere Kinder: Begleite sie auf ihrem Weg, dass sie mit Vertrauen in unseren Familien groß werden. Hilf uns, dass wir ihnen Vorbild im Glauben und Leben werden.
3. Kind	Gott, du bist unser Vater! Wir bitten dich für alle Menschen, die allein sind, an die niemand denkt. Hilf besonders den Kindern,

die ihre Eltern verloren haben,
dass sie wieder ein Zuhause finden.

4. Eltern — Gott, du bist unser Vater!
Wir vertrauen dir alle Menschen mit quälenden Sorgen an, die Kranken, die Arbeitslosen, die Opfer der Gewalt:
Befreie sie und lass sie Hoffnung sehen.

5. Eltern — Gott, du bist unser Vater!
Stärke unseren Glauben,
damit wir zuerst dein Reich suchen,
den Frieden und die gute Begegnung.
Lass unsere Treue im Kleinen beitragen
zum Frieden in unserer Gemeinde und der Kirche.

Gabenbereitung

Sanctus

Vor der Wandlung

(P. könnte das Vertrauen Jesu hervorheben)

❍ *P. breitet ein schwarzes Tuch über ein Stück der Wiese aus.*

P. — Jesus hat uns gesagt: Sorgt nicht ängstlich!
Es kam die Stunde, da ging Jesus in einen Garten, den Ölberggarten. Es wurde finstere Nacht. Er sah keine Blume mehr.
Es wurde Nacht in seinem Herzen.
Dort betete er zum Vater und vertraute alle Angst und Not dem Vater an. »Vater, dein Wille geschehe.«
Vater, du weißt, wozu es gut ist.
Und in der Nacht, da er verraten wurde ...

Vaterunser

Friedensgruß

❍ *Kinder versammeln sich wenn möglich um den Altar.*

P. Erinnern wir uns, wie die Blume ein Kind angerührt hat, zart, ohne wehzutun, liebevoll. Wenn wir einander so zart anrühren, dann wird etwas vom dem wahr, das Jesus uns schenken möchte: von seinem Reich des Friedens. Wir staunen und danken, dass der andere es gut mit uns meint.

❍ *Alle schließen langsam den Kreis, indem alle die Hand einander entgegenstrecken, sich aber nur mit den Fingerspitzen anrühren. Dann singen sie den Friedensgruß.*

Ruf Der Friede sei mit dir.

❍ *Bei einer Wiederholung können alle sich verbinden und die Arme wie eine große Blume erheben.*

Segen Gott, unser Vater im Himmel,
wie wunderbar hast du die Welt erschaffen.
Du lässt Gras und Blumen wachsen.
Noch viel mehr schaust du auf uns.
Vater, wir freuen uns und danken dir.
AMEN.
Jesus, du Sohn Gottes,
du hast deinem Vater im Himmel vertraut,
alle Sorge auf ihn geworfen, auch im Dunkel und im Leid.
Du stärkst uns in Angst, Sorgen und Leid.
AMEN.
Gott, Heiliger Geist,
du gibst uns die Worte,
dass wir den Vater im Himmel loben
und eins werden in der Liebe.
AMEN.
So segne euch der allmächtige und gute Gott,
der Vater, der Sohn und der Heilige Geist.
AMEN.

Auszug Ich will singen, will spielen

T.: Hanni Neubauer; M.: Klaus Gräsze

2. Gott ist mein Schutz, Gott ist mir Schild, Gott ist meine Festung.
3. Gott ist mein Heil, Gott ist mir Kraft, Gott ist mein Leben.

Entnommen aus: Religionspädagogische Praxis, Handreichung für elementare Religionspädagogik, Jhg. 1981, Nr. III, S. 58, »Zur Mitte kommen«, alle Rechte bei RPA Verlag, Landshut

12. Die Lilien auf dem Feld

Tanzform

Kinder stehen im Kreis, Hände gefasst.

Kehrvers

Ich will singen, will spielen, will tanzen dem Herrn	
	Im Kreis leicht gehen, fast springend.
das Herz jubelt froh meinem Gott	
	Die Hände miteinander erheben, dann stehen bleiben.

1. Strophe

Gott ist mein Fels	Eng zur Mitte kommen, wie ein Fels.
Gott ist mir Burg	Schritt zurück, Hände einander über die Schulter legen.
Gott ist mein Retter	Hände wieder normal fassen.

2. Strophe

Gott ist mein Schutz	Hände wie ein Dach über den Kopf halten.
Gott ist mein Schild	Sich nach außen wenden und die Hände abwehrend nach außen strecken.
Gott ist meine Festung	Hände einander über die Schulter legen.

3. Strophe

Gott ist mein Heil	Hände wie ein Schale geöffnet nach oben erheben.
Gott ist mir Kraft	Handflächen nach unten wenden, Hände zur Mitte ausgestreckt langsam segnend absenken.
Gott ist mein Leben	Kreis schließen.

Anregungen und Modelle für Kinder und Jugendgottesdienste

Petra Fock/Hermann Josef Lücker

Denn Du bist bei uns

Kinder- und Familiengottesdienste im Kirchenjahr

192 Seiten, Paperback – ISBN 3-451-27727-1

Kindgerecht und unkompliziert: 20 praxiserprobte, komplett ausgearbeitete Beispiele für Kinder- und Familiengottesdienste, die sich an den Festen des Kirchenjahres orintieren.

Ariane Springfeld/Michael Ganster/Andreas Wilbert

Sei mitten unter uns

Beispiele für Gottesdienste und Gruppenstunden mit Kindern

96 Seiten, Paperback – ISBN 3-451-27630-5

Vielfältige und ideenreiche neue Impulse für alle, die Gottesdienste mit Kindern vorbereiten. Alle Beispiele sind praxiserprobt, kindgerecht und behandeln die Feste im Kirchenjahr.

Klaus Schubert/Martha Gottschalk

Jugendgottesdienste kreativ gestalten

Ein Werkstattbuch mit Bausteinen und Modellen

144 Seiten, Paperback – ISBN 3-451-27606-2

Dieses Werkbuch zeigt Methoden, um Gottesdienste mit Jugendlichen selbst kreativ zu erarbeiten.

Hans Bauernfeind/Günther Maier

Liturgie für junge Leute

Eucharistie- und Wort-Gottes-Feiern

160 Seiten, Paperback – ISBN 3-451-27153-1

11 Eucharistiefeiern und 11 Wort-Gottes-Feiern über Jahre mitentwickelt und gestaltet von jungen Leuten für junge Leute.

Klaus Vellguth/Frank Reintgen

Menschen - Leben - Träume

Jugendgottesdienste

192 Seiten, Paperback – ISBN 3-451-27719-0

Außergewöhnliche Gottesdienste, die Jugendliche auf ihrem Weg zur Firmung (aber nicht nur dort) begleiten und ansprechen.

Impulse für die Kinderkatechese

Petra Focke/Hermann Josef Lücker

Kinder-Bibeltage

Beispiele für Gruppenarbeit und Gottesdienste

160 Seiten, Paperback – ISBN 3-451-27332-2

Dieses Werkbuch bietet praxiserprobte Konzepte und Modelle für sieben Kinder-Bibeltage, die einzeln oder in zwei Themenreihen gestaltet werden können.

Kerstin Kuppig

Ideenkiste Feste feiern

für Gemeinde, Schule und Familie

144 Seiten, Paperback – ISBN 3-451-27881-2

Das Buch lädt mit zahlreichen methodischen Hinweisen und Tipps ein, die Feste im Jahreskreis aktiv vorzubereiten und mitzugestalten.

Manuela Treitmeier

Unser Jahr in Brauchtum und Festen

Für Gemeinde, Schule und Kindergruppe

128 Seiten mit zahlreichen Abb. und Liedern, Paperback

ISBN 3-451-27724-7

Dieses Buch ist ein hilfreicher Begleiter durch den Jahreslauf, um Zeiten und Feste mit Kindern passend zu gestalten.

Willi Hoffsümmer
Das Wunder dieser Nacht
60 Weihnachtsgeschichten zum Vorlesen in Kindergarten, Schule und Gemeinde
176 Seiten, Festeinband – ISBN 3-451-27629-1
Ein Vorlesebuch rund um die Weihnachtszeit – für die verschiedensten Gelegenheiten und Altersgruppen mit praktischen Hinweisen zu Inhalt, Anlass und Dauer der Geschichten.

Willi Hoffsümmer (Hg.)
Das Wunder dieses Morgens
77 Geschichten für die österliche Zeit zum Vorlesen in Kindergarten, Schule und Gemeinde
160 Seiten, Festeinband – ISBN 3-451-28022-1
Ein »österliches« Vorlesebuch für die Zeit von Aschermittwoch bis Pfingsten. Es enthält Hinweise für den passenden Einsatz der Erzählungen, eingeteilt nach Altersgruppen.

Bibelausgaben für Kinder

Ursel Scheffler/Betina Gotzen-Beek
Herders Kinderbibel
224 Seiten, Festeinband – ISBN 3-451-27999-1
80 Geschichten aus dem Alten und Neuen Testament – spannend erzählt und in Text und Bild so ausdrücklich dargestellt, dass Kinder sie unmittelbar verstehen können.

Gabi Zauner
Meine Jesus-Bibel
240 Seiten, Festeinband – ISBN 3-451-27278-4
Das umfassende, in leuchtenden Farben gestaltete Jesus-Buch für Kinder – eine Auswahlbibel mit mehr als 80 Geschichten, die in einfacher Sprache aus der Bibel erzählen. Ideal für Kinder im Erstlesealter bis zur Erstkommunion.

Elmar Gruber

Die Bibel in 365 Geschichten erzählt

416 Seiten farbig illustriert von John Haysom, Festeinband

ISBN 3-451-28009-4

»Bunt illustriert ist die Bibel zu einem packenden Geschichtenbuch geworden, in dem den Kindern die bedeutendsten Gestalten des Alten Testament, die Geschichten des Volkes Israel und das Leben und Wirken Jesu vorgestellt werden« (Kathpress).

Christiane Heinen

Meine allererste Bibel

480 Seiten, Festeinband – ISBN 3-451-26480-3

Schon die Kleinsten werden an den wundervollen Geschichten über den Schöpfergott, der sein Volk liebt, Spaß haben. Und sie werden eine Menge erfahren: über Liebe und Vertrauen, das Halten und Brechen von Versprechen, über Hilfe und Verzeihen. Mit farbigen und heiteren Illustrationen.

Werner Schaube

aufbrechen

Bibel-Impulse für junge Menschen

128 Seiten, durchgehend zweifarbig illustriert, Klappenbroschur

ISBN 3-451-27721-2

50 wichtige Stellen aus der Bibel. Den Schrifttexten stehen bezeichnende Texte der Gegenwart gegenüber: Zeitungsmeldungen, punktgenaue Zitate, Zeichnungen, Karikaturen, kurze Stücke aus der Literatur.

In jeder Buchhandlung!

HERDER